小川榮太郎×杉田水脈

民主主義の敵

青林堂

目次

しかも一方で野党はその間に18連休を取って、蓮舫《れんほう》さんは連休中台湾で遊んでいましたという話になってくると、政治を論じている気がしなくなります。学級崩壊そのもので、子供の素行をいちいちあげつらっていられない。トヨタや日産、いやどこでも日本の普通の企業でいまの国会のようなことが実際に起こるのかといえば、絶対にそんなことはありません。その途端《とたん》に会社の信用が崩壊して、社会的生命が終わってしまう。

国会というのは国民との信用取引といってもいい。だけどこれを取り次いでいるマスコミが、むしろ率先して野党とぐるになって破壊活動を展開しているから、国民の多数は異常さに気づかない。深刻な問題だと思います。

杉田　小手先なんですよ、結局は。向こうがターゲットにしたい、つまり自分たちが反対をしたい法案があって。ＴＰＰ法案のときは、内閣に委員長の解任案を出すのかと思ったら、担当大臣の不信任案を出してきた。本会議でそれを否決しないと次の委員会が開けないわけです。そうなると審議が止まってしまうんですね。

なので次の本会議でそれを否決しました。次は働き方改革法案になり、厚生労働委員長の解任案を出してくる。また否決。さらに厚生労働大臣の不信任案を出してくるのでこれまた否決……。

こんなことはいくらやっても時間稼ぎにしかならないし、どんなパフォーマンスをしたところで通るものは通るんです。

で、そのたびに行う……これもちょっと国会のよくわからないところなのですが……解任案や信任案の提案理由の説明は、時間無制限でやっていいことになっているんです。普通の質問は10、30分と時間が決められているのですが、このときだけは時間無制限。どうせ否決されるのですから、これはパフォーマンスでしかないのです。

するとこの時間無制限のなかに、小川さんがおっしゃった「モリ・カケ」問題から自衛隊の日報問題、さらにはセクハラ問題と、ぜんぶを入れて原稿を読むわけです。

これ、貴重な時間をどうしてくれるんだっていう話じゃないですか。

小川　アメリカの国会では弾劾《だんがい》のときには10時間くらい話したりしますね。それをまねているのかいろいろとやりますね。牛歩戦術から始まって、最近は暴力沙汰も辞さないね。

杉田　もうびっくりですよ。「モリ・カケ」問題が解任案に何の関係があるんだって、こちらは野次《やじ》を飛ばすわけです。向こうは「関係あるだろう！」っていう。「そもそも審議時間が短いんだ」って。だからこちらはこちらで、「それならなぜ18日間もさぼったんだ！」

――その繰り返しなんですね。

小川　「モリ・カケ」問題がそんなに国家の重大事なら、半永久的な検証委員会を別個につくるべきかどうかを国民投票で問うて、もしも否決されたらもう「モリ・カケ」問題はそれで終わりにする、と（笑）。

現実は、いちばんアホくさいヤツが力を持つ

杉田　新聞のアンケートの取り方もおかしくて、許せないという人が何パーセントです、これが国民の声ですと報道していますが、もしも「関心がない」という項目が入っていれば、それが高くなる可能性もあります。

働き方改革の問題でも、過労死の件で遺族の方をわざわざ傍聴席に座らせて、「こんなことが許せますか？」って話しているんです。「遺族をパフォーマンスに利用するな！」って野次を飛ばしたのですが、登壇者がなぜか私の声にだけ反応して、「それ、遺族の前でいえるんですか、杉田さん」ってマイクを通していわれてしまったんですよ。

そこの部分だけ切り取った動画がリツイートされていて、杉田水脈《すぎたみお》はどんなひどい野次を飛ばしたんだという話になっている。血も涙もない女なのか、みたいに（笑）。

え、何これ？　って思ったら、本当に「杉田さん」って名指しでいっているんですよ。それはちょっとルール違反じゃないか、野次に反応するのはいいけど、名指しにするのは違うんじゃないかって。

小川　いいんじゃない？　主人公になっちゃえば（笑）。

杉田　いやいや。

小川　引き受けちゃったほうがいい。応援するからさ（笑）。

杉田　ありがとうございます。

小川　私自身、飛鳥新社と一緒に「朝日新聞」に訴えられていますから。

全体主義への危険は確実に迫っているんです。私は最近の「月刊Hanada」で、「お笑い恐怖社会」と書いたのですが、起こっていることはお笑いなのに、実際にはとてもリアルな恐怖社会になっていく。

杉田　うん、そうですね。

小川　もうその道程にいるんですよ。どこかの時点で行政と立法機関、さらにマスコミが同時に取られたら、お笑いレベルの馬鹿な所業がそのまま恐怖社会になってしまう。自民党、あるいは財界、保守言論界や一般国民がそれを許したらね。

とくに一般国民は、いまはこれだけたくさんの票を自民党に与えているけれど、２０１７（平成29）年の小池百合子《こいけゆりこ》新党で、もしも小池さんが戦略ミスをせずにリベラル左翼のフリを演出していたら、政権交代だってあったかもしれない。

杉田　そうですね。

小川　でも小池新党は、党是《とうぜ》も党組織も政策も何ひとつない新党だったわけです。これは、過去の日本の新党史上でももっともチープな政党です。中身がないまま発足したんですから。ところがそんな政党にも政権交代の可能性があったというくらい、いまの日本社会は脆弱《ぜいじゃく》なのです。

杉田　そうですね。私も「一気に政権交代できるところまできているから、杉田さん、この党から出たら？」と誘われました。

小川　恐ろしい話ですね。近代日本でない恐怖ですよ。すでにいまの日本の政治指導者やマスコミ関係者のかなりの人間の頭のなかで、幼稚と狂気と権力が抱き合わせになっている。

あのとき小池さんが、憲法改正に対する姿勢が違うから排除するなんていわずに、枝野幸男《えだのゆきお》さんや辻元清美《つじもときよみ》さんたちと一緒に「国民戦線だ、右から左までみんな一緒にやろうよ」と呼びかけて、「安倍独裁を民衆の力で倒せ！」とやっていたら、安倍政権は負けていた可能性も十分にある。

こういう現実と、「朝日新聞」をはじめとするマスコミの政府の叩き方、さらには野党の国会破壊工作を見ると、本当に恐ろしくなってくる。

ヒトラー政権の前夜だって、「あんな野蛮なナチスの連中が政権を取るなどあり得ない」と、当時のドイツのインテリ層は思っていた。われわれはバッハ、ベートーヴェン、ゲーテ、カント、ヘーゲル、ニーチェを生みだした偉大なドイツだ、人類でもっとも重要な精神的価値を生みだしたこのドイツが、こんな野卑で教養がないヤツらに政権を取ることを許すはずがない、と。

だけど世界の政治的な現実では、しばしばいちばん野蛮だったり、いちばん愚かな連中が力を持つんです。大雑把《おおざっぱ》にいえばそれが全体主義だ。いちばん立派な人が力を持てば全体主義にはならない。

杉田　まさにその通りで、彼らは安倍総理は独裁者で、やがて日本はナチスドイツみたいになると脅《おど》しています。

私の野次の問題にしても、こんなヤツらが国会議員をやっているなら、日本はそのうち北朝鮮みたいになるぞ、と。安倍総理をはじめ、いわゆる右派といわれている政治家はみんな、言論弾圧の急先鋒《きゅうせんぽう》みたいないわれ方をしているんですね。

次世代の党のときに山田《やまだ》宏《ひろし》先生が立ち上げた勉強会があって、それはフリードリヒ・ハイエクの『隷属への道』を読む会でした。

ご存じのようにこの本は、社会主義とファシズムの根は同じものだということを解き明かした名著で、保守主義や自由主義者の必読書なわけですが、山田先生は「軟弱な勉強会をするつもりはない。大学の講義以上に難《むずか》しいから、やる気がない奴はついてこなくてもいい」と。亡くなられた渡部昇一《わたなべしょういち》先生がその主旨に賛同して、何度か講演をしてくださったんです。

渡部先生いわく、食糧統制・計画経済といった全体主義ほど恐ろしいものはない、と。戦後の配給の話をしながら、先生のお母様の体験を語ってくださったのです。

ともすればハイエクの自由主義経済は保守の人からも叩かれるのですが、渡部先生はそれで私たちが勉強するという心意気を買ってくださったんです。心意気に惚《ほ》れて、「次も来るよ」って、本当に毎回、来てくださいました。だからリベラル左派がいっている全体主義と、きちんと全体主義のことがわかっていっているのとでは意味がぜんぜん違うと思うんです。

小川　正反対ですね。

野党は、国益など考えていない

杉田　私、ブログにも書かせていただいたのですが、自民党支持者の方々というのは、じつはテレビや「朝日新聞」をはじめとする主要紙からしか情報を得ていないんじゃないか、インターネットで検索したり、小川さんの本を読んだりはしていないんじゃないか、と感じているんです。

たとえば安倍総理の支持率。60数パーセントという数字が、「モリ・カケ」問題を野党がガンガン追及し、マスコミもそれに乗って偏向《へんこう》報道をしているうちに30パーセントくらいまで落ちました。でも、小川さんの本をきちんと読んだり、あるいはインターネットで情報を確認したり、国会中継を見たりしていたら──つまり正しい情報を得ていれば──落ちるわけがないんです。

ということは、新聞やテレビの影響をいちばん受けているのは、自民党支持者なのではないか。特にテレビしか見ていない主婦層は一気に自民党離れをしています。

国会で総理の所信《しょしん》に対する質問では、野党はどの党も「モリ・カケ」問題を出してきたわけです。あれをやっても、彼ら野党の支持率は上がらない。それはよく理解しているんですよ。でも、安倍総理の支持率を下げることができる。だから、必死になってやっているんだな、ってすごく感じました。

小川　彼らは安倍総理の支持率を下げているつもりだけど、実際にやっていることは日本という国の破壊です。もしも安倍政権がけしからん政権で、日本国民のためにならないのならば、それをきちんと国民に伝えればいいだけですから。

これだけマスコミにバッシングされていても、国会が閉幕すると一瞬で支持率は50パーセントを超えてしまうわけです。ということは、国民は肌では総理を信任している。もしも本当に不祥事があり政策も非道な政権なら、こんな支持率の回復を再三繰り返すなどあり得ない。逆にいえば、ここまで攻撃的になる以上、政権のどこが悪いのかを野党は国民に届く言葉できちんと説明すべきです。それが国益を巡る与野党の戦いというものでしょう。

杉田　そうですよね。野党は、国益など考えていないということです。私もよく青林堂さんの雑誌「JAPANISM」に書かせていただいているんですけど、極左集団、日本を破壊したい人たち、天皇制や皇室を破壊したい人たちの主張と野党のやっていることはすごく一致している部分があるんです。

要するに安倍総理があまりにも強すぎる。だから左翼はとてもあせっている。何をやっても、第1次安倍内閣のときのようなダメージを与えることができない。

逆に安倍総理がすることは、インターネットを中心に保守の人が擁護してくださって、何をやっても50～60パーセントから支持率が落ちない。

ところが「モリ・カケ」問題をやったら落とすことができた。渡りに船じゃないですけど、それまで彼らは、安倍政権を攻撃する材料がつかめていなかったんですね。そこにこの問題が出てきて、マスコミも野党の質問の映像しか流さない。記事も都合《つごう》のいいところしか切り貼りしない。左翼のほうも「あれ？　このネタ、おいしいんじゃない？」となって、意地でも続けてやろうしているとしか感じないんですよ。

小川　もう1年4か月を越えました（笑）。私はいろいろなところでいうのだけれど、「朝日新聞」に至っては、あのロッキード事件よりも報道量が多いのではないですか。田中総理が5億円の授受を巡り逮捕され、政官財界数百人が事情聴取を受け、17人が逮捕されたロッキード事件より「モリ・カケ」のほうがすごい報じ方。いったいこれは、何なのですか、と。

森友学園なんて、校舎の周りを走ったらたった1分の極小幼稚園ですよ。加計《かけ》学園だって、友達だから一緒にゴルフをしたり、ワインを飲んでいた。それだけです。これを1年間、ロッキード事件並みに報道するなんて、こんなに国民をバカにしきった話はない。

杉田　彼らはそういう論理的な議論の積み上げは、絶対にやらないんです。小川さんのようにひとつずつ読み解いていって、これは正しい、これはおかしい、ということをしない。

その結果、「朝日新聞」が小川さんの著書『徹底検証「森友・加計事件」――朝日新聞による戦後最大級の報道犯罪』を訴えるという話にもなるんです（笑）。

小川　いろいろな方から、「朝日新聞」が訴えられるという訴訟《そしょう》はたくさんあるけれど、訴える側になったのは見たことがない、と（笑）。相談したある弁護士も訴状を見ながら、「訴えられることには慣れているけれど、訴えることには慣れてない訴状ですね」っていっていました（笑）。

杉田　だって向こうは新聞社ですよ。天下の大新聞社が小川さんのような個人の作家を訴えるって、どういうことですか。それなら常々主張している、あなたたちの「ペンの力」で戦え、という話です。

小川　「朝日新聞」が私に、５０００万円を支払って謝罪広告を出せ、と。「朝日新聞」の試算では、謝罪広告をきちんとすると１１００万円ほどかかる。だから向こうが完全勝訴すると、私や発行元の飛鳥新社の負担額は６０００万円を超えます。

杉田　はい。

小川　それで私の方針というか、反論を打ち合わせたのですが、弁護士さんも「いったい、何がやりたくて朝日が訴えるんだろう。まったくわからない裁判ですよね」とおっしゃる。

杉田　そうですよね。何がやりたかったんでしょうかね。

小川　ただ、はっきりしているのは、私はこれで新聞広告を出せなくなったんですよね。

杉田　あ、はい。

小川　民事であっても係争中の本は新聞広告を出せないという内規が新聞社にあるというのですね。そうなると当然、私の本の題名の宣伝ができなくなる。売り上げも落ちる。どうやら彼らはこれを狙っていたのだろうというのが、ほぼ皆の共有している推測なんですね。

それだけ致命的な内容だったということでしょう。読まれたらもう会社が持たない、私はそう確信していますから。

けれども、それに輪をかけて訴状の内容がひどい。向こうも有力な弁護士さんが担当している。問題が生じるような訴訟はやめておけと、そういうタイプの弁護士らしいんですよ。

杉田　そうですよね。

小川　あの訴状で裁判をするのは、弁護士が嫌がっているのに、会社側が強引《ごういん》に進めたのでしょう。

杉田　それはそうですよ。弁護士さんだって、あんなことで裁判をするなんて嫌に決まってます。

日本語の当たり前の語感を無視して騒動化する

小川　「モリ・カケ」問題では、確かに財務省の書き換えという問題もありました。これは行政の形式論理としては重大な問題です。ただ同時に、当時の役人サイドの国会答弁を見ても、理財局という本来なら国会でそういう質問にさらされたこともなく、しかもあくまで地方の小案件だった。国有地売却はだいたい灰色な話が多い。国会で隅まで突かれたくはない件が多い。それをまるで総理の進退がかかったかのような扱いをしたために生じたパニックだと最初に申し上げました。

これはまあ、安倍総理の「私か妻が国有地売却に関わっていたら総理を辞める」という発言のせいだという議論がある。まあこんな些事で進退に言及するのは軽率だったと私も思いますが、しかし進退という意識は安倍総理にはなかったでしょう。つまりそれほど無関係だといいたかったわけでしょ。

総理の発言された「関与」というのは、明らかにいわゆる利益供与、贈収賄《ぞうしゅうわい》の意味です。安倍夫人の昭恵《あきえ》さんが森友学園の名誉校長だったことは最初から認めているわけですし、実際に「昭恵から非常に素晴らしい教育をしていると聞いています」という発言もあります。

日本語の常識的な語感でいうところの、「関心がある」というレベルではあったわけです。だから名誉校長も引き受けた。でも土地の取引に対する不当な関与はなかった、といっているんです。

そういう日本語の当たり前の語感を無視して騒動化するというようなことが、この問題では多すぎるんですね。

杉田　そうですよね。

小川　私が「朝日新聞」から訴えられた件でも「安倍叩きは朝日の社是だ」と私が書いたということに対して、訴状の第1項目で「弊社の社是ではない」と主張しています。それはそうでしょう。だれも正式な意味で朝日の社是が安倍叩きだとは思っていない。私の書いたことは皮肉であり、比喩《ひゆ》表現であることはだれが見ても明らかなわけです。

比喩表現に対して「事実に反する」から5000万円を支払えといわれている（笑）。これが冗談でなくて、「朝日新聞」がしでかしているリアルな話ですから。

総理の「関与」も、不正な金品のやり取りや圧力の意味なのは明白です

杉田　そうそう、そこです。

小川　こういう理解を抜きにしたら、人間のコミュニケーションというのは成り立たないのですよ。もはや、哲学的なテーマですよ。言語とは何か、という話になってしまう。

いまや格好の人身攻撃手段となっているセクハラ問題にしても、構造は似ています。

本当にひどい性的嫌がらせがあるのはわかりますが、たとえば「かわいいね」といったらそれがセクハラになるのか？

言葉というものを攻撃のための道具にしはじめると、コミュニケーションそのものが不可能になってしまうわけです。

総理も「土地売買にはいっさい関係がない」と強く表現したかっただけでしょう。「辞める」というのは表現手段にすぎない。それを「辞めるといったじゃないですか」というふうに逆手に取れば、コミュニケーションは成り立たない。それを日本社会が1年以上も許したということが、すでに狂気です。

杉田　野党の話を聞いていても、推測や伝聞《でんぶん》でしかない。でもこれ、本当に何もなかったと

いうことになれば、安倍総理を質問攻めにした議員は自責の念で辞職しかねないくらいの大問題ですよ。

小川　永田さんメール問題ね（編集部註／２００６年に当時民主党衆議院議員だった故・永《なが》田《た》寿康《ひさやす》氏が、ライブドア元社長の堀江《ほりえ》貴文《たかふみ》氏の電子メールを国会で取り上げたものの、偽メールだったことが判明。のちに永田氏は辞任し、民主党執行部は総退陣に追い込まれた）。

杉田　今回の話は、ぜんぶそのレベルです。だってだれひとりとして、ひとつも本物の証拠を持ってこないじゃないですか。これが捏造《ねつぞう》だったたって決まったら、だれが腹を切るんだっていうレベルの話です。

小川　文書にしても、ひとりとして文書を作成した人物は出てこない。

杉田　そうなんです。

小川　でもこれ、出てきたらその人、社会的に抹殺《まっさつ》されるの？　そんなすごい話なの？　だれも出てこないこと自体が異常じゃないですか。

杉田　私も当事者だから、作成者を出してくれっていいました。名前が消されていたので、「消えた政治家」だなんていわれましたけど。

小川　こんなヤクザのいいがかりレベルの攻撃は、与党や政権も、日本社会では経験したことがない。しかし、それでもここまで長引くと、収束させられないことの責任はある。その点は、何度か私は総理にも申し上げました。

安倍総理は国際プレイヤーとして、日本の命綱です。だからこそ、官邸はもっと自分自身の親分を守る危機対応能力を身につけてもらわないと。

口に出さないからこそ忖度

小川　それと、今回は忖度《そんたく》という言葉がひとり歩きをしていますね。しかしそもそも忖度というのは、内心の自由です。忖度をしたかしないかを自白させるなんて、それ自体が拷問《ごうもん》です。忖度というのは、したかしないか口に出さないからこそ忖度なんです。だから犯罪の証拠もないのに、社会がある人の忖度の有無を問うのは、非常に危険だということがひとつあります。
それからもうひとつ、安倍総理の側としては「忖度云々《うんぬん》ということはない」と断言すべきではなかった。つまり「行政上の手続きに瑕疵《かし》はありません」という機械的な答弁以上のことはすべきではなかったのです。

結局、人はいろいろですし、総理自身の人間観やモラルと役人ひとりひとりの人間観やモラルは異なる。ですからモラルに関する部分は慎重に答弁しなければいけない。
安倍総理の魅力は、率直で踏みこんだ発言をすることです。小泉《こいずみ》純一郎《じゅんいちろう》さんや橋下《はしもと》徹《とおる》さんとは違う。パフォーマンスとして派手なことをいうのではなく、本当に重要なことをまっすぐにいう政治的な強さや重さが安倍総理の発言にはある。

杉田　ファニーのおもしろいではなくて、インタレスティングのおもしろさですよね。

小川　そうそう。総理の演説を文字で読んでいても、ものすごくおもしろいですよ。だからそういう安倍総理の言葉の本筋を追ってほしいのに、「これをやったら自分は国会議員も含めて辞める」なんて発言をとらえて証拠もないまま「本当は関係しているかもしれないでしょう？」などといわれたら、それは明日の朝、太陽が西から出るかもしれないといい続けるのと同レベルですから（笑）。

杉田　そうそう。答弁で「何々の疑いがあります」だけなら、「小川《おがわ》榮太郎《えいたろう》と杉田水脈は不倫をしていると疑われています」だけで通っちゃいますからね（笑）。

小川　通っちゃう（笑）。でもね、それを１００回いわれると、これだけいっているのだから本当かもしれない、となる。

杉田　ああ、なっちゃう。

小川　アナウンス効果なんですね。とくにいわゆる財務省の書き換え文書。これはさっきもいったように、行政の形式論理としては非常に問題です。でもこれだけバッシングされると、いろいろと細かいことの答弁能力が間に合わないから消したのでしょう。

とくに２００ページもの文書が正式に稟議《りんぎ》された文書として残っていると、佐川宣寿《さがわのぶひさ》氏をはじめとする国会答弁で、「ここはどうなんだ？」「あそこはどうなんだ？」という質問が何百か所も出てきて整合性を保ちようがなくなります。何しろ明白な違法性がないのに、あらゆる細部を突かれたら答えないわけにはいかないというのは、実際、自分が会社でやられたら拷問ですよ。これはもう一種のノイローゼに近かったのではないかな。

だから財務省では、普通に行政文書としての完成形レベルにして、このくらい削《けず》ってくれというのが基本だったと私は思いますね。

杉田　これだけの文書が見つかりましたって、３００ページの本で何百冊にもなるわけです。じゃあ追及する野党もぜんぶを読んでいるのかといえば、そうは思えないわけで。実際には「朝日新聞」のピックアップしか見ていないかもしれない。それをもとに国会質疑を組み立てているのがわかるわけです。「ほら、新聞記事にはこう書いてあります！」ってやっているわけですから。

「朝日新聞」が劣化しているのは間違いない

小川　だけど実際は政治と官の関係はどうなのかな。私はいまはもう、官僚も国会議員も忖度の余地がすごくなくなっているという気がします。そう思いませんか？　だって忖度したときの責任って、けっこう大変なことになるので。

杉田　ああ、大変になっちゃうから。

小川　基本的にはもういまは、「忖度はできません、ごめんなさい」っていわれる社会ですよね。ある程度は忖度があったほうが社会は円滑《えんかつ》だとは思いますけど。

杉田　それが日本人社会ですから。阿吽《あうん》の呼吸と一緒ですよ。「あ」といったら「うん」という阿吽の呼吸があって、日本人の社会は成り立ってきているわけですから。

それに、忖度した側の責任を、忖度された側に問うというのはおかしな話ですからね。

小川　それはまったくあり得ない。

杉田　あり得ないでしょう？　たとえば私の秘書が、杉田さんは大変だろうなと忖度してくれて、やったことがあったとします。それをあとで第三者から、「お前が忖度させたんだろう」っていわれても、「ええっ⁉」ってなるわけですよ。そんなことを私にいわれても……ってなるわけじゃないですか。

小川　だからそれはもう、完全にブラックユーモアであって、現実の社会であるとはとても思えない……。

杉田　そう、思えないようなことが起こっていますよね。

小川　安倍総理や奥さんの昭恵さんについていうと、これは本当に深刻な人権問題です。彼らが総理大臣とその奥さんだということを勘定に入れても、恐怖社会そのものです。忖度されただけで「忖度をされたことに責任はないんですか？」って。そういうことをテレビで毎日報道され続けるというのは、拷問を受けているようなものです。

杉田　忖度だけじゃなくて、お友達の話でも「加計孝太郎《かけこうたろう》さんと何回ゴルフをやりましたか？　そのうち何回、お金を払いましたか？」とか、「お食事に何回行きましたか？」とか……もう私、友達なんか持てないですよ、そんなことまでいわれたら。

この間主人の実家に行って、久しぶりに家族が揃《そろ》ったんですけど、いろいろ話していたら「朝日新聞」の話になって、ご飯を食べながら主人が、「もう朝日新聞なんて、日付しか正しいことは書いてないから」って（笑）。「あとはぜんぶ、ウソだから」って、両親に説明しているんです。

小川　そのうちに日付も誤植したりしてね（笑）。

杉田　だからたぶん、「朝日新聞」が劣化しているのは間違いないところですけど、それを読んで情報を入手している人、そういう左翼の人たちが、かなり劣化しているんだと思う。もう小川さんのレベルには足下《あしもと》にも及びませんから。

小川　ただ怖いのは、嘘や誘導によって権力とか暴力を自分たちが行使しているという感覚が、彼らにはまったくないわけです。

杉田　ああ、ないですね。

小川　そういう道徳的に間違ったことに鈍感《どんかん》な人たちというのは、少人数であっても社会を変えてしまう可能性があるでしょう？

杉田　ありますね。

小川　それを見ていると、たとえば「朝日新聞」みたいに疑いだけで記事にできてしまう人たちと、中国に媚《こ》びる政権が組んだら、微罪《びざい》でも保守系の人間をどんどん逮捕することも、現実味が出てきますよ。

だからねつ造や嘘や言葉狩り、魔女裁判、社会的拷問に関しては、なんとしてもいま決着をつけておかないと。日本国民にきちんと状況を知らせて、こういうことを許しておくと大変なことになりますよ、と。

この国はまだ、国民のマスコミ信頼度が高くて、マスコミが主導して国民を騙《だま》すなんていうことは考えてもいないわけです。

杉田　いないですね。

小川　多数の国民がまだ気づいていない。これがいちばん怖い。

噂そのものがビジネスだという世界がある

杉田　私のところにも週刊誌の取材が２回くらい来たことがありますが、みんなウソ八百なんですね。だからぜんぶ否定して、「そんなおかしなことを書くと、あなたたちが恥をかきますよ」っていったんですけど。

なんであれ、疑われたほうは一所懸命に否定しなければならないわけです。でも、そんなのは言い訳になりませんとか、理由になりませんといわれる。そもそもこれは、私がやってもいないことに対して、なぜあなた方にわざわざ言い訳をしなければいけないのか、という話じゃないですか。

1回目は私が初当選したときですが、大阪の京橋のSMクラブで私がバイトをしていたと（笑）。女王様のバイトをしていたっていうんです。私は当時、公務員でしたから、要するに兼業禁止ということなのですが。

小川 いや、それは兼業を超えた話ですけど（笑）。

杉田 だけど記者は、かなりの確証があるというんです。そのためにわざわざ東京から来たのだから、と。

小川 どこの記者が来たんですか？

杉田 「週刊新潮」です。いきなりやってきて、そういうわけですよ。仕方がないので「何年前ですか？」ときくと、「5～6年前です」。いや、そのころは子供がまだ小学生で、子育てと仕事の両立で大変な時期でしたからというと、「いや、子育てが忙しかったというのは、バイトをしていない理由にはなりませんよ」と。

小川 子育てに忙しくても、SMクラブの女王はやれるというのは理屈ではある（笑）。

杉田 はい、やれるといわれました（笑）。それでしたら役所に行ってもらえれば、残業の記録は全部残っているはずなので、アルバイトをするような時間はなかったことがすぐにわかりますから、と。それでね、お金にも困っていませんからというと、「お金に困らないことはアルバイトをしていない理由にはなりません」とか、もうさんざんなんです。だけどやっぱり、そもそもやってもいないことに対して、なぜ私がそんな言い訳をあなた方にしなければならないのですか、という……。

小川　だけど情報源は何だったんでしょう……。

杉田　よくわからないんですが、私は若いころは服装も派手で、ミニスカートにロングブーツという格好で当たり前に歩いていたので、飲み会などでも同僚から「杉田はＳＭクラブの女王様にしか見えないわ」っていわれたことならありますけど……。それくらいしか思い浮かばないんです。

小川　ああ、じゃそういう昔の役所仲間とかが……。

杉田　あ、そういえば、「ある職員から聞きました」って！

小川　なるほど（笑）。

杉田　もう1件は秘書のベンツの話です。前の議員時代の秘書なのですが、旦那さんが歯医者さんで、真っ赤なベンツで通勤していたんです。たまにそのベンツで送ってもらったりしていたからなのか、「週刊新潮」は「杉田水脈が当選して、男に買ってもらったベンツを粋がって東京で乗り回している」という記事が書きたくて仕方がない（笑）。

小川　想像力が豊かなのか貧困すぎるのか、判断が難しいね（笑）。

杉田　そこはもう、完全な決めつけで取材に来るんです。「あれは愛人に買ってもらったものじゃないんですか？」「違います、愛人なんかいません。あれは秘書のクルマです」。すると今度は主人に矛先《ほこさき》を変えて、「ご主人は大手企業にお勤めですから、当選したらあれくらいのベンツは買ってくれたでしょう？」って（笑）。「いや、あなたね、社員の給料がどれくらいかわかっているんですか？」って。

最後はね、「そんなにいうのなら、車検証を見に来てください」っていったら、本当に事務所まで来ました。秘書が車検証を見せると、「でも、1回くらいは運転をしたことがありますよね？」と。なぜ私が秘書のクルマを運転しなければならないんですか。

冗談みたいな話ですが、でも、本当なんですよ。そこまでやらないと、書くのを止められないんです。

で、書かれたらもう終わりですよね。あとで否定しようと何をしようと、仮に裁判をやって勝訴したって、裁判に勝ちましたっていう記事はとても小さいんだもん。

小川　そんな仕事の仕方をしていたら、人間性が本当にダメになるね。結局、「噂の力」というものがあって、噂そのものがビジネスという世界があるわけです。端的にいうと芸能界ですけど。

杉田　はい。

小川　そういう稼業では、ご本人が意図《いと》して不倫報道を仕組む方もいるくらいですからね。それ自体がひとつの生業《せいぎょう》だから、そういうものと週刊誌が結託《けったく》しているということは、それはそれで成り立つわけですが、ただし政治家にとっては、致命傷になり得る。

杉田　そうですよ。命とりです。

小川　そういう稼業の違いや社会的な影響力によっては、事実報道の観点は週刊誌にも当然、求められねばならない。情報を暴力に使うことに、いまのマスコミ関係者はあまりにも痛みの感覚がありませんね。

杉田　それをいまでは、新聞もやるようになったということが、本当におかしいんです。

小川　彼らは彼らで必死に仕事をしているという面もあるんでしょう。だからここまで無茶をやるようになっていると思うんですが、ここまでひどくなると教祖が命じればサリンでもばらまくのと一緒だよ、最早。

杉田　ああ、そうですね。

「恥ずかしい」という観念自体がなくなっている

杉田　実際、「朝日新聞」の「報道しない自由」はすさまじいんですよ。だって、これまで「朝日新聞」には一度も、「杉田水脈」って載《の》ったことがないんですから。

小川　え？　そうなんですか？

杉田　以前、KAZUYA君が調べてくれたんですけど、「杉田水脈」っていう単語を検索すると、出てこないんです。

「報道しない自由もあるから、朝日新聞は絶対、杉田水脈って書かないんでしょう」って彼はいっていましたが。

　私、今回で国会議員は2期目なんですけど、1期目のときには48回も質問をしているんですよ。本会議中やNHKが放送する予算委員会でも、質問をしています。それなのに、一度も「朝日新聞」には報道をしてもらっていない。

小川　逆に考えれば、それだけ意識されているということですね。でもすごいよね、その意識の仕方というのは。

「報道しない自由」という言葉を２０１７（平成29）年に、だれかが公然と口にしたわけです。それはつまり、自分が知らせたくない事実はなかったことにするということ。デモクラシーが成立しないんですね。

杉田　そうですよ。まるで戦前のような感じさえします。

小川　いやいや、戦前の日本はそこまでひどくなかったんですよ（笑）。戦中の軍部だって、あるいは戦前の共産主義者でさえ、いまのリベラルやマスコミのような、人間のクズはいません。

永田鉄山《ながたてつざん》が相沢三郎《あいざわさぶろう》中佐に斬られたでしょう（編集部註／１９３５＝昭和10年、皇道派青年将校に共感する相沢中佐が、統制派の永田軍務局長を斬殺した事件。のちに２・26事件につながったとされる）。

許せないことがあれば、戦前の軍人なら抜刀《ばっとう》していましたからね。でもいまは、抜刀はおろか、無責任な嘘をまき散らして逃げる相手を理詰めで攻めても、逃げられたらおしまい。まあ卑劣な奴が平気で生き延びられる社会はどうも私は苦手だな。「恥ずかしい」という観念自体がなくなっている。

杉田　ああ、なくなってますね。とにかく彼らが持ちあげてくるいかにも言論人、知識人という人選が非常におかしい。

菅義偉《すがよしひで》官房長官の記者会見でも、「東京新聞」記者の望月衣塑子《もちづきいそこ》さんが、「ちゃんと勉強してから来てください」っていわれていますよね。これ、記者にとってはとても不名誉なことでしょう？

小川　それはもう不名誉以下だよね（笑）。

杉田　不名誉だし、普通だったら「あんなバカな質問をする記者に、だれがやらせてるの？」という話です。ところがそれを、いかにも英雄みたいに扱って、マスコミが特集を組むというのもおかしな話じゃないですか。

小川　そんなときに「恥を知れ」って叱責《しっせき》をしても、もうダメなんです。「恥なんか知らないも～ん」って、もうそういう世界だから（笑）。

杉田　前川喜平《まえかわきへい》さん（編集部註／元文部科学次官の前川喜平氏）なんかも、いかにも知識人みたいな感じで扱われていますが、いろいろとボロが出てきているんですよ。

前川さん、朝鮮学校の授業料無償化だとかにも接極的でした。

江戸時代後期から明治時代にかけて、日本が奇跡的な発展を遂げたことを認められ、世界遺産に登録された「明治日本の産業革命遺産」についても、すごく反対をしていました。しかもいまになって、「あれは安倍首相のお友達案件だ」っていい始めたんですね、前川さんが。

でもこれは、民主党政権の時代に全部手続きが進められていて、安倍政権のときに実現しただけなんです。

小川　当時、民主党だった高木義明《たかぎよしあき》さんは、この発言に怒ったんだよね。

杉田　ええ、安倍首相は関係ない、自分たちがやったんだって。

小川　そうなると、官僚のトップまで行った人が、事実に添わないことを平気でいえるということになる。「朝日新聞」も「クォリティ・ペーパーだ」と自称していますが、やはりねつ造の常習です。日本人の常識的な感覚とは違うんですよ、この一群の方たち。

杉田　そんな人が文科省のトップですよ。東大に入るのだってすごく大変なのに、そこからさらに官僚社会に入って、「なぜこんな人がその官僚のトップをやってんのよ？」っていうような。

小川　省内での派閥抗争で、敵を攻撃して追い落とすことに非常に長《た》けていた人だっていう話は聞いたことがありますがね。

ある意味、国民主権自体が壊れている

小川　こうした情報の暴力が看過できないひとつの理由は、あとで話すAV問題や従軍慰安婦問題にしても、国際謀略と混じって日本そのものにダメージを与えるケースがかなりあるからです。

日本の左翼は税金を使ったり、各労組を使ったりしている。それに対して日本政府は非常に無防備です。安倍政権が「モリ・カケ」で1年以上てこずっているくらいですから。

こんなてこずりが続くと、やがて政権にせよ、国益派の皆さんにせよ、消耗《しょうもう》してしまいます。積極的かつ抜本的に問題を解決しなければならない。ぎりぎりに来ている国家的なテーマがいくつもあるのですから。

杉田　そうです、そんなことをやっている場合じゃないんです。「国難突破解散」と総理が2017（平成29）年にいわれて、目の前には危機がいくつもあって「モリ・カケ」どころではないのにまだやるのか、みたいな。私はそこがいちばんびっくりしました。

少なくとも法案審査というのは、「この法案について審査しましょう」って出されたとき

には、その法案について議論をしなければならないはずです。たとえば先日は、人事院の給料について審議する内閣委員会でしたが、そこでも「モリ・カケ」問題が出てくるんですから……そんなことは、少なくとも3年前にはなかったことです。しかもテレビ局まで入っているわけです。

小川　ある意味、国民主権自体が壊れているんですよ。私は今回の「朝日新聞」の報道について、「戦後最大級の報道犯罪」と本の表題に入れました。「誇張だ」「大げさにして売らんかな主義だ」と批判する人もいるけれど、誇張でも炎上商法でもない。これは立憲破壊なんです。もともと存在しなかった疑惑で、国民が信任した代表である政権を潰す。その潰す側は国民の信託も受けていなくて、事実にも則っていない。

しかもわれわれ国民は、こうした野党やマスコミの行為に対して何のコンタクトもできない。ほぼ70パーセントの国民はマスコミをまだ信じています。後進国並みの数字なんです。マスコミ信頼度なんて、先進国ではせいぜい20～30パーセント程度ですよ。イギリスなんかたったの14パーセント！　アングロサクソンはよほどマスコミを信じないんですね。要するに自分がいかに悪い奴か自覚しているから、人も信用しないんです（笑）。ところが日本人は自分が嘘をつかないから、人も嘘をつかないと思う。まして有名人や有名企業には弱い。

テレビや新聞は有名企業ですからね。

杉田　これだけ大量に報道されているんだから、「きっと何か隠してるんじゃないか？」っていうんですよね。

小川　国会でもきちんと説明しているのに、マスコミは報道しない。

杉田　どちらかというと、女性のほうがすごく影響されやすいんです。朝から晩までテレビをつけて、家事の合間にワイドショーを見ている。朝には朝のワイドショー、昼には昼のワイドショーという人が多くて、しかもすごく騙されやすい。

そうなるとまず、女性の支持率がガクーンと下がって、「もう安倍さんだけは応援したくない」なんていうようになる。そこに輪をかけるように新聞が「安倍政権下での憲法改正は……」という書き方をするわけです。

歌番組などはイデオロギーがないからまだいいのですが、バラエティやワイドショーはコメンテーターにもお笑い芸人、ＬＧＢＴ芸人、オネエ芸人、外国人などを起用して、偏向報道ばかりです。それで「もう民放テレビなんか見るのは嫌だ」となった人が、ＮＨＫをつけっぱなしにするんですよ。ＮＨＫだってウソを垂れ流すわけですから、すごい悪循環だなと思うんです。

小川　NHKが籾井勝人《もみいかつひと》氏から（編集部註／日本放送協会第21代会長・籾井勝人氏）から上田良一《うえだりょういち》氏の体制になって……上田さんは温厚でいい人なんだけど、NHK内にいる反日左翼を抑えられていない。もうグチャグチャです。籾井さんは隙《すき》の多い人だったけれど、はっきりとものがいえる会長がいたということは大きかった。

杉田　私たちは当時は野党でしたけど、「籾井さんもっと頑張れ」って応援していたんです。そういう気持ちで放送法4条を出して、「これ、公平ですか？　いろんな角度から見て同じだけやっていますか？」という質問をしているんです。でも歯切れの悪い回答しか返ってこなくて、「表現の自由とかで逃げるんでしょ？　では嘘をつく表現の自由ってあるんですか？」って聞いたら、総務省は答えられませんでした。

小川　アメリカは最高裁が憲法判断を重ねていて、それが、立法府やホワイトハウスに大きな影響を与えています。でも日本では最高裁が重要な憲法判断からは逃げてしまうので、三権分立が正常に機能しない。そこで法律の根幹の解釈を役所や政府答弁書や内閣法制局がやるという妙なことになる。

20世紀初頭のアメリカで、有名な判例があります。いくら言論の自由があるからといっても、オペラハウスで「火事だ！」という嘘をいって騒ぐのは、憲法の保証する言論の自由ではない、と。嘘の言論に自由を与えるのは憲法の精神に反する、という判例がある。でもこれ、当たり前ですよね、社会常識です。

日本社会においては、基本的に嘘をつくということはない。そういう習慣がない。だから野党や「朝日新聞」などが平気で嘘をつくと、みんな信じてしまうんですよ。すると女性たちは安倍嫌いになる。「ここまでいわれる以上、安倍さんもきっと悪いのよ」と。「どこか悪いところがあるから、ここまでいわれているんでしょ」となる。

どこも悪くない人の悪口をいい続けるなんて、日本人の感覚ではあり得ない。政治工作という以前に、人間の感覚とかモラルの根っこを急激にいじられているのがいまの日本ではないでしょうか。

安倍総理を本当に降ろしたいのはだれなのか

小川　そういう水掛け論のときにいちばんわかりやすいのは、「じゃあ、同じ土俵に乗ってみますか?」と問いかけることです。彼らは同じ土俵では戦わない。絶対に逃げるでしょう?

立場を超えた共通の土俵に上がらない人、周辺でマスコミを使って騒いでいる人はもう、それ自体が全体主義だから。

杉田　そうです、そうです。

小川　議論から逃げた人リストはぜんぶ、公表していくべきですね。私なら、苦手な土俵であっても聞かれたことには答えますよ。

共産党の「赤旗」の記者に、「俺のインタビューを記事の締めに載せておけよ！」っていったら「ええ？」って驚いていたけれど、「恐れることはないんだよ」っていってあげたんです。なぜ逃げるのかな。逃げながら攻撃するわけです。

だからそうではなく、人対人として議論をしましょうということを粘り強くやっていくべきだと思います。

国会というのは、数パーセントの極左が政権を攻撃する姿を見せる舞台になってしまっている。でも本当の議論になると彼らは逃げてしまう。ならば本当の議論の場所を、国会とは別につくったほうがいいですよ。

杉田　野党がこれ以上攻撃してきても、野党の支持率は上がりません。それなのに「安倍じゃダメだ」というキャンペーンだけは張りたい。新聞も、次の首相候補は石破《いしば》茂《しげる》氏か岸田《きしだ》文雄《ふみお》氏か枝野幸男氏かと書いている。

要するに安倍以外ならだれでもいいということなんです。そこに岸田先生だとか石破先生の名前も挙がってくるわけです。

それがすごく透《す》けて見えている。マスコミも野党をまったく信用していないし、あれだけ支持率が低い人たちに何ができるのかという目で見ていると思うんですね。

ただ安倍さんをつぶしたいだけなんです。

「朝日新聞」にしても、安倍さん以外であれば自民党政権でもいいんですよ。

小川　本来なら、野党にとって自民党の総裁なんて、だれであっても大して変わらないはずなんです。安倍総理から石破さん、岸田さんになっても、どうせ勝てないんですから。そうだとしたらなぜ、これほど安倍総理だけは嫌なのか。石破さんや岸田さんの立場からすれば、彼らが総理になりたいのなら、確かに安倍総理は邪魔な存在でしょう。でも彼らには、無理をしてまで安倍総理を押しのけるような根性はないでしょう。

杉田　そうですね。

小川　だとすると、彼らがけしかけているわけではない。

野党はまるで旧社会党と同様「憲法9条死守!」だから安倍に反対というけれど、安倍さんはいま、自衛隊加憲ですよ。ところが、石破さんは憲法の第9条第2項（編集部註／第2項：前項の目的を達するため、陸海空軍その他の戦力は、これを保持しない。国の交戦権は、これを認めない）を削除しないと意味がないといっている。

杉田　そっちのほうがもっと怖い。

小川　そう、まさに正攻法の9条改正論ですよ。

それでもその石破さんを「朝日新聞」は推している。すると本質は憲法問題でもないことになる。ただ安倍総理を降ろしたいだけ。だとすれば、本当はだれが降ろしたいと思っているのかということです。「朝日新聞」でもないのではないかな。安倍さんが総理でいてくれたほうが叩けるから、コアな読者は確実に残る（笑）。

「朝日新聞」を含めた日本のマスコミは、ビジネス上は安倍総理を降ろす必要も理由もないわけです。なにしろ5年経《た》ってもこれだけ政権が新鮮なんですよ。小泉さんの末期、郵政解散のあとは政治報道は沈没状態でした。小泉総理自身、もう政治に興味がなくなっていたのだから。それに比べれば安倍時代は、いまも毎日が新鮮です。政治報道がビジネスになるということです。安倍総理を本当に降ろしたいのは彼らではない。

じゃあだれがいちばん降ろしたいのか？　明らかに、中国と北朝鮮でしょう？

杉田　ああ、そうですね。

小川　安倍総理は拉致《らち》問題の解決抜きに、北朝鮮には絶対、金を出しません。彼らが狙っているのは日本の金と技術です。北朝鮮は安倍総理を降ろせばことが有利に運べると思っている。これは錯覚で、本当は最強硬派の安倍さんでなければ、北朝鮮との国交回復は不可能なのですがね。その北朝鮮の背後にいる中国共産党と習近平《しゅうきんぺい》にとっても同じです。彼らは自分たちでアメリカのトランプ大統領と直接やりとりをしてコントロールしたいのに、トランプ氏はいつも安倍総理に相談してしまう。

結局、この2か国が安倍総理を降ろしたい強い動機がある。陰謀論を語っているのではなく、動機論からはそうなるという話です。

杉田　確かに、確かに。

小川　私程度の情報収集能力では、正確なところはわからない。それでも安倍政権がどうなるかということに彼らはものすごく興味を持っているのは間違いないでしょう。

杉田　べ平連（編集部註／ベトナムに平和を！市民連合。1965＝昭和40年創設）を立ち上げたメンバーの武藤一羊《むとういちよう》氏（編集部註／社会運動家）や、私のオーストラリア講演を妨害した田中利幸《たなかとしゆき》氏（編集部註／歴史学者。オーストラリア在住。ペンネームはYuki

Tanaka）が一緒になって、２０１７（平成29）年8月6日に広島で「８・６ヒロシマ平和のつどい２０１７～憲法破壊と腐敗の政治＝安倍政権を根っこから打倒しよう！」という会を開いたのですが、そこでも元長崎県被爆二世教職員の会代表の平野伸人《ひらののぶと》氏に引率された、核兵器廃絶と平和な世界の実現をめざす高校生平和大使・高校生１万人署名活動実行委員会の高校生８名が、核廃絶とはまったく関係のない、韓国訪問プログラムについてスピーチをしていました。私はそこに変装して潜入取材をしたのですが（笑）、主張しているのは結局、安倍政権打倒と天皇制打倒、このふたつなんですね。

小川　あの会は、天皇制打倒をはっきりと謳《うた》っているんですよね。

杉田　はっきり謳っています。そういうところに「高校生平和大使」なるものがやってきて、これもテーマとは関係のないスピーチをするわけです。高校生平和大使に国連でスピーチをさせなかった２０１７（平成29）年の外務省判断は、やはり正しかったと思いました。

ただ問題は、彼らがどこにつながっているのか、ということです。答えはやはり、北朝鮮なんですね。

戦時中の徴用工問題でも、徴用工の像が韓国に先がけて京都に建てられました。だれが建てたのかというと、韓国の労組です。そのバックは北朝鮮。朴槿恵《パククネ》さんを弾劾《だんがい》した人たちが建てているわけです。

　韓国にも保守派と保守派ではない集団があって、後者がつながっているのは北朝鮮です。そのトップが文在寅《ムンジェイン》大統領ですよ。結局、そこがぜんぶ動かしているのだということはつくづく感じます。

　それで、さっきの広島の集会で武藤一羊氏が喜々として語っていたのが、いままでは何をやっても安倍さんの人気は落ちなかったけれど、「モリ・カケ」をやった途端、人気がガクンと落ちた。これでわれわれは、打倒安倍まで行くんだ、と。

　で、安倍政権を倒したあとには何をするのか。憲法改正だというんですね。憲法を守るのではないんです。憲法なんか守る気はない。憲法9条は問題ではなくて、いちばん重要なのは第1条の天皇条項だ、と。

小川　天皇条項の廃絶なんですね。

杉田　あそこを変えない限り、いつまでたっても日本はダメなんだというんです。

　ではどうやって変えるのか。天皇制を変えるというと、いまはまだ日本人の反発が大きすぎるから、これから日本列島の入り口を開いていって、朝鮮半島と中国からの移民をどんどん受け入れるようにする。そうすればやがて、「たったひとりの天皇なんかに象徴される社会は嫌だ」という人がたくさん出てくる。そうなったときに天皇制打倒をやるんだって、そんなことまでいっていましたから。

小川　彼らのやり方は一貫していて、自分たちが何者であるかを他者に見せないんです。自分たちの正体を明らかにして民衆の支持を得るのではなく、いかに見せないまま支持を得るか。たとえば枝野幸男さんだって、とても感じのいい人だと国民は思っているわけですから。

杉田　それ、おかしいですよね。だってあの3・11のときの官房長官ですよ。

小川　だからね、あのときに彼は頑張っていたという記憶になっているわけ。

杉田　ああ……でも、ホントひどいですね、それ。

小川　毎日テレビに出ていましたから。日本人って、テレビに毎日出ていると、何となくいい人に思えてくる（笑）。

第2章

根深い差別問題に切り込む

財務省はありのままに説明してもいいのでは

小川　「モリ・カケ」問題ですが、やっぱり財務省が２０１７（平成29）年の段階で、答弁をきちんとするべきだったと思いますよ。

どういうことかというと、野田中央公園（編集部註／森友学園に隣接する公園。民主党政権時代、近畿財務局が豊中市に破格の値段で払い下げている）の問題と比較すればいいだけのことですよね。

杉田　そう、私もそれをいおうと思っていました。結局は近畿財務局の問題だったり、あそこの地域の特殊事情であったり、豊中市の特殊事情であったり……いったい何を慮《おもんぱか》っているのか、逆に何を忖度しているのかという話じゃないですか。だったら野田中央公園についてやればいいわけですよ。私も前に、それをいうのであれば、隣のあの公園も、なぜあんなに安いのか説明できますかといったら、福島瑞穂《ふくしまみずほ》さんは黙ってしまったんですよね。

小川　正直な人ですね（笑）。

杉田　ですよねえ。やっぱりそこなんですよ。だからそれをもっときちんと出していけば、国民の一定の納得は得られると思いますよ。

小川　しますね。

杉田　大阪の豊中市というところに、いったいどんな問題があるのか。私も地方自治体の職員でしたから、国有地ならずとも市有地をどうするか、売るのか、持ったままでいるのかというところでは、勤めていた西宮市も西日本最大の同和地区を抱《かか》えていましたから、いろいろなことを見てきました。実際、不法占拠された土地もあるわけです。

小川　ええ。

杉田　同和問題のデリケートさというのもよくわかるんですね。確かに、それを表に出してはいけないという空気があるのは事実です。マスコミの立場ならそれもわかる部分はあるのですが、財務省はありのままに説明してもいいのではないかな、ということをすごく感じています。

小川　うん、それでね、とにかく違和感があるのは、それが安倍政権、安倍総理個人を直撃したわけでしょう。そのなかで霞が関が政権を守らず、近畿財務局を守るのはいったいどうなっているのか……。

杉田　もうあり得ないです。

小川　国益もへったくれもない。しかも守る守らない以前に、安倍総理はそもそも守られる必要さえない。だって関係がないんだから。

杉田　そうです、そうです。

小川　まったく関係がない人間に、関係がない疑惑が降りかかっているんです。しかも総理大臣なわけですよ。そこに責めがいくのを部下である官僚が防がない。まったくもってこの力関係が不思議です。

これを私は「プレスコード」の呪縛だと考えています

杉田　本当におかしいですよ。どんな力が働いているのか。

そこで私がいつも根本的な問題があるんじゃないかと思うのは、マスコミの問題もすべてそうですけれども、未だにあの「プレスコード」（編集部註／敗戦後の日本において、GHQによって行われた報道機関統制のための規則。これによって検閲が実行された。1952＝昭和27年に失効している）が生き残っているんじゃないかということなのですね。

「プレスコード」については、私は国会でも質問しましたが、じつは国会で「プレスコード」という言葉を使ったのは私が初めてだったらしいんです。議事録に「プレスコード」という言葉を残したのは、杉田水脈が初めてなんですよ。

小川　それもすごいね。

杉田　はい。そのくらいみんな、避けて通っていたわけです。

「プレスコード」にはＧＨＱが決めた30項目がありますが、「それはいつ失効しましたか？」って聞いたら、「日本が独立したときには失効しました」と答えたんです。まあ、当然の答弁ですが、でもたとえば新聞の紙の材料になるパルプの権利などは、昭和30年代までアメリカが持っていたんです。ということは、いくら失効したといっても、そのころまではアメリカに新聞が牛耳《ぎゅうじ》られていた可能性はあるんじゃないかと思っているんですね。

いまだって「プレスコード」の30項目にひとつひとつ照らし合わせていけば、いろいろと辻褄《つじつま》が合うんです。「朝鮮人の悪口をいってはいけない」「中国の悪口もいってはいけない」「日本国憲法の悪口をいってはいけない」……。さすがにもう、「連合軍と日本人女性の関係をいってはいけない」ということはないでしょうけど、未だにテレビなどで放送されている内容に合致《がっち》する部分はたくさんあるように感じています。これを私は「プレスコード」の呪《じゅ》縛《ばく》だと考えています。

小川　ええ、自主規制であり、まさに呪縛ですよね。

杉田　朝鮮人集落と同和地区の話は、同じように日本のなかではタブーになっているわけで、そのタブー化されているものを絶対にマスコミは取り扱わない。

私は神戸出身なので、長田区役所襲撃事件（編集部註／1950＝昭和25年、地方税の減免や生活保護の適用を求め、在日朝鮮人が区役所に乱入した事件）や生田警察署襲撃事件（編集部註／1945＝昭和20年と1946＝昭和21年に在日朝鮮人によって生田警察署が襲撃された事件。連合国軍部隊によって鎮圧された）も知っているわけです。

生田警察署襲撃事件は、初めて米軍が制圧を主導した事件になるわけです。日本の警察は何もできなかったということです。それから私が勤めていた西宮市役所も、1973（昭和48）年に部落解放同盟に乗っ取られたことがあるんです。いまではこれもウィキペディアなどに書かれるようになりましたが、長らくこの事件は、いくら調べても絶対に表には出てきませんでした。

小川　なるほどね。

杉田　当時、部落解放同盟が阪神間だけで、先行して兵庫県支部というのをつくったんです。それに対して兵庫県のほかの地域、特に中北部——ここは八鹿高校事件という有名な事件があるのですが――そのあたりの人たちが、「お前らだけ先にやるな」と内紛を始めたんです。街宣車を西宮に回して、「こいつらがいっていることはおかしい」とか……そういうつぶし合いがあって、そのなかで西宮市役所が占拠されてしまうという事件が起こったわけです。

私が入所したころには、一見すると暴力団員のような方が窓口にやってきて大きな声をあげるので、それに対応するため、市役所には同和対策局がありました。「局」だったんですよ。局長室に通されて、そこで「まあまあ」といなす。同和対策局長の主な仕事というのは、そういう人たちにお帰りいただくことだったわけです。私はそこに何回もお茶を運んだりしました。私は１９９２（平成４）年に入所していますが、当時も市役所の局のなかではかなり大きかったです。

小川　そんなに大きかったんですか？

杉田　ええ、大きかった。ときには暴れて、ガラス製の灰皿を投げて職員に怪我をさせたりとか、そういうことがたくさんあったんですね。ですからもう特別扱いです。同和対策局はなくなりましたが。特別扱いは未だに続いています。

私の同期もいまでは幹部クラスになっていますが、四半期に1回はそういう地域との懇談会があって、課長以上だから課長、部長、局長が全員出向いていって、「何か困ったことはないですか？」とお伺いを立てる。昔はそれを、毎月やっていたそうです。

長くなりましたが、そういう関西の特殊な事情がわかって、初めて野田中央公園なんですよ。確かにマスコミは書きたがらないでしょう。でも、財務省までがそこまで忖度する必要はないと思っているんです。

小川　むしろ国家の側として、そんな忖度はするなという話です。

杉田　ただし、財務省が襲撃されるかもしれませんよ、やったらね。わかりませんが。

小川　安倍総理や官邸は襲撃しない。だから忖度しなかったということかな。しかし今回の森友学園のケースは、籠池泰典《かごいけやすのり》さんなんか、基本的にかわいいものじゃないですか。彼にはそういう背後の団体はついていません。個人ですよ。「泣き女」みたいな奥さんと一緒に粘り強く迫っていくというか……。

杉田　おっちゃんとおばちゃんとね（笑）。

小川　この夫婦のコンビを相手に、役人のほうも辟易《へきえき》したというレベルの話でしょう（笑）。そんなに怖い事例でも何でもない。籠池さんを退けたら、背後からすごい「怪物」が出てくるなんていうことは100パーセントないし、役所もそれはわかっていたに違いない。

むしろこのレベルのことでさえ、ここまでこの国がね……悲観的なことはあまりいいたくないですが、こんなケースを1年4か月以上も経って、まだ政権支持率が下がるような事件にしているのは、この国はもはや国の体《てい》は成していないということです。

杉田　成していないです。そういう人たちっていったい、何に牛耳られているんですかっていう感じです。

国連でいつも目《ま》の当たりにするのは……左翼の妄言です。日本には4つのマイノリティがあります、と。ひとつは在日、ひとつは琉球民族、ひとつはアイヌ民族、そしてもうひとつは同和です、と。この4つのマイノリティに対して、日本では非常にひどい差別が行われていますと、それこそいろいろな委員会でいいふらしています。

でも、実際にはもう在日も同和も琉球民族もアイヌ民族も、極端な人権侵害や差別があるとは感じられない。それなのに海外には流布《るふ》されているんです。

同和差別なんて、もう終わっているでしょう？　だって私、同和地区出身者が差別されたというところを見たことがないんですよ。

小川　関西ではないんですね。

杉田　ええ、関西では見たことがないです。

もちろん利権絡みによる逆差別というのはたくさん見ました。

でも、いまの世の中に「あなたは同和地区に住んでいるから、ここには就職できません」とか、「あなたはこの人とは結婚できません」などということは――ゼロとはいいませんが――ほとんどないです。私が「同和差別は見たことがない」というのは、そういう意味です。でも、「おれは同和やねんから雇わんかい」というのはたくさん見ました。

総理総裁を自民党も守らないし、財務省も守らない

小川　弱者利権と左翼はすぐにつながるでしょう？

杉田　左翼は偽善者ですから。

小川　左翼政党や、いわゆる左翼マスコミが完全に結託してくる。

杉田　そうです。

小川　自民党のなかにもね、そういう弱者利権とつながっている部分がものすごくあるでしょう。安倍政権は結局それとも戦っているわけですよ。総裁を自民党が守らないし、総理を財務省が守らない。ところが、野田中央公園の払い下げに関わったと噂される辻元清美《つじもときよみ》議員は、みんなで守るわけですよ。

辻元議員と安倍総理を比べると、辻元さんのほうがよっぽど庇護《ひご》されている。かつて田中角栄《たなかかくえい》が「闇将軍」と呼ばれましたが、それはひとりの人間が闇将軍なのではなくて、闇で利権がつながっていて、その既得権益の中心人物だから、角栄さんは刑事被告人なのに守られたんですよ。安倍さんの守られなさを見ていると、既得権益層から外《はず》れていると、日本では巨大与党の総裁だろうと支持率の圧倒的に高い総理でも、裸で無防備で戦っている感じを受けます。

杉田　私も今回の件ですごく感じたのは、「きちんとした説明をすべきだ」みたいなことを自民党内でもいう人がいるんです。「真実を明らかにすべきだ」って。

平昌オリンピックだって、総理は行くべきだって最初にいいはじめたのも党内からです。そこに同調して、行く流れになった。そういうところで総理を守らないんですよ。じゃあ、彼らは何を守ろうとしているのか、私も感じるところはあります。

小川　党内事情的には、たとえば他派閥ともずっと取り引きをしている。総裁選における確約をいい続けながら、いいたいことはいわせてもらうよ、というね。ただ、身体の検査くらいはちゃんとやっておいてほしいですね。福田淳一《ふくだじゅんいち》さんのことですが。就任した途端に「週刊文春」と「週刊新潮」が同時にすっぱ抜くっていうことは、それはもうみんなが知っていたということじゃないですか（笑）。

杉田　みんな知っているはずですよ。

自民党のさっきの話、ちょっともらいますけど、もうひとつの闇の部分で、同和対策事業については、「同和対策事業特別措置法」というものが、２００２（平成14）年にいったん、もうそういう差別はなくなったということで失効していたんですね。

ですが参議院選挙の前に自民党から提案して、その法律をもう1回やりはじめて。同和問題はどちらかといえばかつての社民党、社会党の利権だったわけです。もう解消したものを、さっきもいったようにもうそんな差別はほとんどないので、またその法律を自民党が復活させた。その流れのなかで、野中広務《のなかひろむ》先生が復党されました。野中先生は自民党を外れてからは、「赤旗」に出たり……。

小川　古賀誠《こがまこと》さんもでしたね。

杉田　ええ、もうずっと自民党を、とくに安倍総理を批判しまくっていたわけです。たとえば宝塚市の市長は元社民党の代議士で、現在は3期目です。その市長の選挙には、必ず野中さんが応援に来られていたそうです。そういう方を自民党に復党させて、参議院選挙を戦ったんですね。そんなの、同和利権者の票が欲しかったのが見え見えじゃないですか。でもそれがあとで、自分の首を絞めることになるのです。私も野党にいたときには、それはおかしいんじゃないかってずっといっていました。

「暴走族」がやっと出てきてくれた（笑）

小川　利権の問題以前に、本当は宏池会とは何ぞやが問い直されるべきなんですね。岸信介《きしのぶすけ》由来の清和会と、佐藤栄作《さとうえいさく》から田中角栄へのラインに対して池田勇人《いけだはやと》、大平正芳《おおひらまさよし》が宏池会ですね。安岡正篤《やすおかまさひろ》先生の命名ですが、岸が一番右で、宏池会は自らを保守本流だ、自分たちが吉田茂《よしだしげる》を継いでいるといっていたわけです。

だけれども、吉田ドクトリンはやはり岸信介の修正がなければ機能しなかった。ただ、池田勇人も大平正芳も、大変見識ある政治家でした。国家観が明確にあり、そのなかで国力や国際的な日本の立ち位置を踏まえた所得倍増計画であったり、田園都市構想だったりした。ところがその後の宮沢喜一《みやざわきいち》さんから、宏池会はそうした国家観に立つ政治構想を持った政治家が出ないで、日本流のリベラル、反日的なリベラルのイデオロギー集団になる。後藤田正晴《ごとうだまさはる》から野中広務、古賀誠、加藤紘一《かとうこういち》――こういう人たちが牛耳った昭和の終わりからですね。ここで反日リベラルにして、同和利権の元締めになってしまった。

杉田 利権の元締めになります、ホントに。

小川 その利権の元締めが、はっきりいえば宏池会を簒奪《さんだつ》して、自民党も奪ったんですよ。そのときに河野洋平《こうのようへい》も出て、自民党自体があそこで完全に反日左翼政党になったといってもいい。

杉田 そうですね。

小川 田中派と宏池会の利権政治。それをひっくり返そうとしたのが平沼赳夫《ひらぬまたけお》さん、中川昭一《なかがわしょういち》さん、安倍さん。

ところが、時代の子というか、小泉純一郎《こいずみじゅんいちろう》さんが出て番狂わせが生じます。郵政問題で平沼さんや亀井静香《かめいしずか》さんと手打ちができないまま、自民党の再保守化という面でまじめな人たちが党外に放りだされることになってしまった。そういうなかで野中さんが支配した自民党に、若手議員としてギリギリまで党内で異議申し立てを続けたのが、中川さんや安倍さんだったわけです。

杉田 おっしゃる通りです。

小川 そういう原点を杉田さんたちの世代の活動のなかにしっかり置いて、大きな流れにして、安倍総理総裁をどう強くし、次世代の政治家が切磋琢磨《せっさたくま》していくか。

杉田　そこは必要ですね。

小川　そのためには政権を批判する必要も当然出てきますが、それも含めて安倍総理の本来の政治路線を右側からきちんと打ち出してほしいですね。総理は他派閥と喧嘩《けんか》するわけにはいきませんよね。

杉田　そうですね。

小川　そうなると若手議員のなかで、暴走してもらうほかない。この「暴走族」がいままで自民党には何年もいなかった。だから杉田さんとか、青山繁晴《あおやましげはる》さんもそうだけど、「暴走族」がやっと出てきてくれた（笑）。

杉田　それは、私も上手《うま》い采配だなと思うんです。私はそのために自民党に呼ばれたのかなっていう気がします。というのは、この間も青山さんが、安倍総理にはいろいろとものをいう、電話もかける、と。でも、いつも自分からかけているだけで、安倍総理からかかってきたことは1回しかない。その1回は参議院に出てくれないか、という話だったというんです。山田宏《やまだひろし》さんもそうだし、私もそういう「1本釣り」で入っているんです。

小川さんがいう「暴走する役割」というか、そういう役割があって来たんだろうなって思います。総理とは当選してからはほぼお会いしていないし、もちろん個人的にお話しするなんてまったくないですけど。

小川　中川さんや安倍さんは若いころに青雲の志を抱いて、真・保守政策研究会だったかな、国家と国益の側に立ち、党是である憲法改正を実現しようという政治運動を立ち上げましたね。体当たりも辞さないということを、自分たちがやってきた。何しろ野中さんたちの執行部とイデオロギーも政治手法も真っ向から対立する。安倍さんは小泉進次郎《こいずみしんじろう》さんと違ってマスコミに全然かわいがってもらっていない。むしろ右派の政治家として毛嫌いされながら、自民党執行部と戦ったんですから。もっと今の若手議員は皆、喧嘩しないと。

何せ安倍総理にしてみれば、中川昭一さんが亡くなり、平沼赳夫氏が病に倒れ、一方、かつての同志はみんな閣僚級になっている。

それにしても自民党の皆さん、戦わないよねえ。びっくりするのは、総理が9条改正にさえ自ら率先して言及するのに、その直前まで周辺の政治家たちは、9条なんて不可能だといっていたんだから。総理が言及した途端ころりと変わる。信念のない側近が多すぎますよ。

だから私は政治との距離については、正直にいうとバカバカしくてやってられないという気持ですね。「総理がこう出たからには、俺はもっと前に行くぞ」という政治家がろくにいないまま、何の権限もない素浪人の私がいくら動いても、総理を援護することにはならないわけで……それなら論壇で言論人としてきちんとした発言を重ねるほうが意味がありますから。

杉田　はい、そうですね。

小川　でも、さっきの杉田さんや青山さんの1本釣りの話の裏には、総理としてはなぜ自民党の保守系議員がこんなにも戦わないのか、という思いはあると推察しています。

結局、いまの日本で希望が持てるのは、そういう杉田さんや青山さんを始めとする一匹狼がつくる新しい流れです。国会で、与党の側、それも安倍さんに近い立場でいい加減な質問をしたら党にも傷がつくし、ご本人も致命傷となる。

やっぱり人間は、厳しい環境のほうが育ちますよ。いまの日本がダメなのは、みんながそれぞれの既得権益のなかで縮小しながら生き残っていく、この雰囲気がいちばんダメですね。

安倍総理にしても、いつ叩き落とされるかわからないからこそ、ここまで大きな政治家になれたのかな、とも思うわけ。杉田さんも、厳しい環境だからこそ大物になれるというふうに考えてもらったほうがいいと思いますね。

杉田　そうですね。厳しい環境もその通りだし。私はぶれないことがいちばん大切だと思っています。そうすれば必ずだれかが助けてくれるし、人とのご縁もできてくる。

小川　そうですね。

杉田　そのなかでずっとやれていれば、自然と道は開けてくる。八方ふさがりでもう無理だと思っても、道が開けるんですよね。

小川　ぶれないというのは、私心が少ないということです。自分の利害打算で動くタイプの人と、筋を通すタイプの人がいる。難しいのは、筋は通しても結果を出せないと、人はついてきません。保守には結果は出ていないけど頑張っているからいいだろうという人がけっこういるけれど、やはりそれはダメです。結果をつくってぶれない人だからこそ、支援を受けられる。そうした姿を、杉田さんが政治志望の若い人に見せていくのは大事です。

杉田　それについて私が思うのは、じゃあ安倍さんや中川さんが、なぜあそこまで鋭い切り込みをできたのか、ということなんです。それはやっぱり、選挙で強かったからですよ。でも私の場合は非常に不安定だし、次に通る保証もない。

そこで最近思いはじめてきたのは、私は新しいパターンで、フロンティアでやっていけということなのか、と。今回の選挙もいままでの政治家とはまったく違う形の1本釣りでしたし、青山さんもそうです。青山さん、どこの県連にも所属していないし、どこの勉強会や派閥にも在籍していません。自分の力でぜんぶやってらっしゃいます。県連で支部をつくらないということは、党からお金をもらわないということなんですよ。だから自分のお金で、自分で動いて、それでもできるんだということを後輩たちに見せていきたいっておっしゃってます。

私も地元も地盤もないなかで、党員は集めなければならないし、パーティ券も売らなければならない。だけど企業に頭を下げて回るとか、ひとりひとりの支持者の家を回るとかではなくて、たとえばインターネットで「こういうパーティに来ませんか？」みたいな新しい形をつくっていくというのが私に課せられた使命なのではないかと。

そのうえで、これだけ尖《とが》ったことをいっていても選挙に通るし、党内でもノルマを果たせるという見本を示せというのが、杉田水脈に課せられた課題なのかなということはすごく思っています。

第3章

日本に「常識」はあるのか

少数者、マイノリティの問題というのはあくまでも例外

小川　最近は論壇の舞台のかなり大きな部分がインターネットになって、よくも悪くも大きな反応が来るでしょう？　でも、目立たない形でいくらまじめな議論をしても問題提起にはならない。

杉田　そうです。

小川　そういう意味では、炎上というのは、私自身は文学畑だから縁がなかったけれど、必要悪かもしれませんね。

杉田　私、日本語は言霊《ことだま》だと思うんですよね。炎上して汚《きたな》い言葉が来ると、体調を崩したり、しんどくなったりするんです。だから本当は炎上させたくないし、ましてや自分で燃料投下などしたくないんですが、いいたいことはやっぱり書いてしまう。その結果、あ、これでこんなに炎上するんだって……。

小川　炎上にもいろいろなネタがあって、比較的安全圏の炎上もある。でも杉田さんは女性として、いわゆるラディカル・フェミニズムに触れていますね。（笑）。ここはいちばん、み

んなが嫌がるところですよね。

同じ炎上ネタでも、「朝日新聞」とか蓮舫さんや辻元さんなどのネタだと、コアな味方がついてくれる。

ところがフェミニズム相手だと、下手をすると日本中を敵に回しかねません。一歩間違えると、空気をそっちにもっていかれてしまう。情けないことに、男性がまず、黙ってしまう。そんな危険なところに、よく勇気を持って入っていくなあと思っています。

杉田　はい。でも間違ったことはいっていないと自負しています。

いつもいっているんです。もしも本当に、そして完璧《かんぺき》に男女平等な世界にしようと思うのなら、男に子供を産んでもらうしかないと。それができない限り、絶対的な男女平等などというものはあり得ません。だから私は本会議で「男女平等は反道徳の妄想です」っていいきりました。

子育て支援の専門家で児童健全育成推進財団の理事長の方、もう十何年来の知り合いの方に久しぶりにお会いしたのですが、私はいつでもその人の言葉に胸を打たれるんです。

その方は「福祉というのは普通の暮らしで幸せになる意味だから、児童福祉っていうのは、そういう普通の暮らしで幸せに生きられる力を子供につけるものなんだ」とおっしゃるわけです。そのためには行政の世話にもならず、理不尽を自分の力で乗り越えられる力をつけるのが子育てであって、児童の健全育成なんだ、と。

子供が生まれてからある一定の年齢までは親の愛情が大切で、それが人生を左右してしまうというのは世界の常識になっています。「3歳児神話」というのですが、これを否定して、おかしいといっているのはいまでは日本だけなのだそうです。

もちろん親とは死別するケースもあるので、例外の子供もいます。けれど、それを認めたうえで、親が自分の手で愛情を注いで幼少期の間は育てるというのが普通であり常識であるということを、まず最初に認めなければいけない。ところがそんなことでさえ、ものすごく反発される。親が亡くなった子もいるし、離婚した子もいるというわけです。それを常識にしてしまうから、世の中がおかしくなる。

小川　まさか、3歳までに親の愛情はいらないっていうんですか?

杉田　保育所に預けていてもオーケーであって、3歳まで親元で育てなければいけないというのは間違いだというんです。逆にいえば、共同体で育てればいいという考え方ですね。これはソ連など共産主義から出てきたものですが。

小川　共同体といういい方自体、抽象的で無茶だと思いますよ。共同体って簡単にいうけれど、いろいろな共同体があるわけでしょう？　日本にだって村落共同体といって、お母さんも野良《のら》仕事に駆りだされるけど、家にはおばあちゃんもおじいちゃんもいて、親戚の赤ちゃんも一緒に育てて……。

杉田　そうそう。

小川　そんな村落共同体で育つのと、いわゆる職業としての保母さんがいる保育所という共同体で、職業上の契約として育てられるというのは、意味が違いますね。

杉田　違います。そうなんです。

小川　逆に親元がいいといっても、なかには児童虐待をする親もいますね。そんなことをいい始めたら……結局、そういう議論は議論にならないわけで、問題設定自体がおかしいんです。普通に考えても人間というのは、７つか８つくらいまでは産んだ人間が育てなければ死んでしまう生き物であるわけです。相当時間がかかるうえに、３歳～４歳くらいまではチンパンジーより知能も低いわけでしょう。かなり特殊な生き物なんです。

杉田　そうです、そうです。

小川　雑な議論ですよ。３歳児神話を否定するにしても、共同体という言葉さえ使えば学問だと思っているんだから。

結局、いま杉田さんが話してくれたことが結論だと、私も思います。常識を学問の恣意が壊している。一般国民が望んでいない方向に、リベラルと称するイデオロギー操作がされていく。壮大な洗脳です。これがいまの日本の病気の根本です。学問や統計はどうにでも都合よく、イデオロギーを正当化できますから。まあ、そもそも日本のリベラルはリベラルじゃないけど（笑）。

杉田　本当にそうです（笑）。

小川　いずれにしても、そういう学問や正義の言葉をもってきて、いま杉田さんがいった、つまり例外的に配慮してあげなければいけない人を基準にし始めるわけ。

だから常識と例外。その常識を社会の基準にしなければ逆差別になる。少数者、マイノリティはあくまでも例外だということ。それは差別ではない。

杉田　そうです。例外ですからね。

小川　ところが、例外を差別しちゃいけないという主張は、逆に例外を特権化していく。

杉田　小川さんがおっしゃった通りで、政治家の仕事というのはそういうことをきっちりやっていくことだと思っています。

日本の人口問題にしても、２０５０年には８０００万人になりますよというのは、もう近未来の現実として見えているわけですよ。そのころの人口構成だって全部わかっている。この現実を見たほうがいいと思うんです。

労働人口も子供も少なくて、老人が多い。そういう人口構成の8000万人が日本列島に生活している。そのなかで労働年齢を何歳まで上げていけばいいのか、どのくらい女性は働くのか、どこまでIT化して人を減らしていくのか。もう出生率を上げましょうとか、夢のようなことをのんびりいっている段階ではないんです。

そういうことを国民に知らせて、リーダーシップを取りながら社会を変革していくのが政治家の役割だと思うんですよね。

日本人の常識というのは、世界の人の常識と良識の間くらい

小川　ここで、さっき杉田さんがおっしゃった「常識」という言葉について、一言《いちごん》しておきましょう。常識というのはじつは新しい言葉なんです。

小林秀雄《こばやしひでお》の有名なエッセイがあるんです。「常識について」と題されていて、『考えるヒント』（文春文庫）に入っています。このなかで彼は常識という言葉そのものから出発しま

す。フランス語の「ボン・サンス（Bon sens）」、いわゆる「良識」という言葉の訳語としてできたというのですね。

明治の新漢語なのだけれど、でも語感はうんと古い。江戸時代以前にも、われわれはいろいろないい方で「常識」を表現してきました。たとえば「お天道様《てんとさま》が見ている」とか、武士であれば「道」「大義」などという言葉で日本人は常識を共有してきた。社会の共通了解、道徳的な共通了解が細かく哲学的に定義できなくても、みんなが呼吸している感じで持っていたんですよ。

そしてそういう感覚こそが要《かなめ》で、人類社会が成立するための基本になるのです。法治国家といっても、法律を逆手《さかて》にとって非常識なことをする人はいくらでもいる。人間には訴訟権があるといって、大新聞社が個人相手に訴訟するのは節度がなさすぎるだろう。これは一種の常識だったわけです。

そういう道徳的な共通理解を、戦後の日本の進歩派イデオロギーが、常識なんてそんな曖《あい》昧《まい》なものをどうやって証明するんだ、といって壊しつづけました。これは証明なんかできないし、する必要もないんです。大人は子供に、「黙りなさい」といえばいい。それでいうことを聞かせるのは、抑圧ではない。人間はそうやって自由と尊厳のバランスを学んでいくほかないのです。

杉田　はい。いま、小川さんの話を聞いて思ったのですが、日本人の常識というのは、世界の人の常識と良識の間くらい、そこが日本人の常識だったんじゃないかという気がしてきました。世界の常識よりはちょっと上、そこを常識にしてきたのが日本人なんじゃないかな、と。でもいまは、その常識をいうこと自体がはばかられてしまう。

小川　日本社会でそうした「常識」は、聖徳太子の十七条憲法ですでに表現されています。しかし、広く確立したのは江戸時代でしょう。「士農工商」それぞれが、武士は武士のモラル、農工商もそれぞれのモラルをつくりだしていく。だから江戸時代は、寺子屋などで読み書き算盤《そろばん》を習っていたといっても、読み書きとは人の道の勉強ですからね。最低限の教育も受けられない貧農層もいましたが、例外を除けば、日本社会では常識の教育が庶民にまで行き渡っていて、それが明治日本の成功の大きな要因です。

杉田　２０１８（平成30）年2月に私、「＃MeToo運動」についてBBCの取材を受けたんです。「日本では盛りあがっていますか？」と。私は「ぜんぜん盛りあがっていません」と答えたんですけど。イギリスなど外国の皆さんは、日本というのはとても男尊女卑が激しい国だと思っていらっしゃいますが、それはまったく違うという話をさせていただいて、紫式部《むらさきしきぶ》や清少納言《せいしょうなごん》などの女流作家が1000年以上も前にいた国だ、江戸時代の女性だって文字が読めて、かわら版などからちゃんと情報を得ていたり、女性が寺子屋の先生をやっていたりしたんだ、と。

私が通っていた中学・高校も女子校ですが、明治時代にたったひとりの女性が立ち上げたものです。それがいまでも続いている。そんな学校が、全国各地にたくさんある。そのころの欧米でそんなことを女性ができましたか、と。日本はもともとそういう国なんです、ということを説明しました。

小川　どんな反応をしていました？

杉田　いろいろ聞いてきましたよ。納得したくないからだと思うんですけど。でもそれは、そういうことをはっきりいう人間がいないからなのかな、と。そろそろ私も大人の日本女性として、そういうことをきっちり説明してもいい年齢になってきたのかなって。

外国の人に教えていくということはものすごく大事

小川　結局、日本人というものがどういう社会思想を持ち、それをどう育《はぐく》んできた民族なのかということを、もういい加減世界に向けて発信していかないとダメなんです。歴史認識の問題もそれと同じです。

つまり、性奴隷という言葉がひとり歩きしていくときには、その前段階がある。日本人は女性を虐《しいた》げる、あるいは大日本帝国の戦争は日本が一方的な悪で、かつ残虐な戦《いくさ》をしたのだというプロパガンダがあって、そのうえではじめて従軍慰安婦問題がプロパガンダに使われる。

だから本当の日本社会はどうだったのか、身分差はどうだったのか、女性の立場はどうだったのか、それを外国の人に教えていくということはものすごく大事。

杉田　女性に人権がなかった国だから、性奴隷というものがあったんだという思い込み、考え方を海外はしている。だから日本は遅れているんだ、という理屈ですよね。

そこで私が違うんだと説明すると、それならなぜ日本はジェンダーギャップ指数（編集部註／各国の社会進出における男女格差を示す指標。日本は２０１７＝平成29年で１４４か国中１１４位）が先進国でいちばん下なんだといってくる。

でも、その指数の決め方はこうです。たとえば識字率で男性が80パーセント、女性が60パーセントの国があったとします。一方、男女とも10パーセントという国がある。どちらがジェンダーギャップ指数で優秀な国なのかというと、後者になってしまうんですね。だけど、どちらの国で暮らす女性が幸せなのかといったら……。

それと、ルワンダが高いんですよね、ジェンダーギャップ指数が。たしか2017（平成29）年は4位です。でもあの国は内戦で男性がたくさん死んでしまったので、政治家に占める女性の割合が高くなっている。それでランクが上なんです。そういう国と日本を比べて、どちらの女性が幸せかっていわれても……。私はジェンダーギャップ指数なんか関係なく、日本の女性は幸せです、と答えたのですが。

でも、相手はそれでも食い下がってくるんですね（笑）。

それならなぜ、女性の国会議員が少ないのか、会社経営者が少ないのか、管理職が少ないのか、と。

これについても、日本では国会に限らずあらゆる選挙に女性が立候補できるし、投票権だってあります。そういう条件があるなかで、あくまでも希望する人が少ないというだけであって、だからといって女性は不幸せだということもない。

選挙にしても、皆さんの国だって最初のころは投票できるのは男性だけで、やがて女性も投票できるようになってきた。

日本も戦後に女性参政権と議院内閣制が入ってきて、そのおかげで私も国会議員をやっているわけだけれど、だからといって欧米と比べて遅れているとはまったく思わないです、と。ちなみに投票率は、女性のほうが高いです。

小川　ジェンダーギャップ指数にしてもそうですが、そういう国際ランキング、たとえば「報道の自由度ランキング」などにしても、明らかに言論が抑圧されていて、ジャーナリストが殺されているような国が日本よりも上位にいるんですよね（編集部註／言論の自由の擁護を目的としたジャーナリストによる非政府組織「国境なき記者団」が発表する指標。２０１８＝平成30年は日本は67位。おもだった上位を見ると、６位にジャマイカ、21位にスリナム、28位に南アフリカ、48位にボツワナなどが見られる）。

国際社会においてこんなに現実を反映しないランキングを、なぜ国際機関が毎年のように発表しているのか、妙な話ですよ。

杉田　そうなんですよね。私もこの間、福島瑞穂さんとやりあったときに、「だって日本のジェンダーギャップ指数は１１４位なんですよ！　恥ずかしくないんですか！」っていわれたんです。「ぜんぜん」って。「日本に女性差別なんて存在しないでしょ？」っていったら、「えーっ！」っていっていましたけど（笑）。

極端な例外がスタンダードとなる危うさ

杉田　話題を「常識」に戻させていただきますと、極端な例外をスタンダードにしてしまうことで日本社会がバラバラになっているという現実を指摘するのは、この本の主題のひとつだと思います。

過労死で亡くなられた方やご家族は、本当にお気の毒だと思います。だけど人が亡くなるときには単純に労働時間だけではなく、もしかしたらそこに人間関係もあったかもしれないし、あるいはその人の性格の問題もあったかもしれない。

とにかくいろいろな要素が重なりあって過労死というものが起こるのだと思います。それなのに労働時間だけを抜きだしてスタンダードにしてしまうと、日本人はだれも自由に働けなくなってしまう。

小川　根本的な人間観をしっかり社会に反映させることが大事です。

特に過労死の問題は、働き方改革の法案提出を機に「過労死は安倍政権が原因」という強引な政権批判のためにクローズアップされたきらいはあります。

マスコミの、特にテレビの現場こそは、過労死の原因となる長時間労働がまん延していて、それを直そうともしない（編集部註／２０１８（平成30）年6月30日　産経ニュース「民放キー局全社に是正勧告　労基法違反5年で９回」――ほとんどが違法残業で、割増賃金の未払いや子役を不適切に働かせていたことも認定された）。

極度に条件が悪いものを助ける、本人が不本意だったり、明らかな健康被害を助ける。さっきの杉田さんのお話でいえば、例外の救済は必要ですよ。

しかし、例外を一般化して社会正義のように断罪するということ自体が人間性に対する冒《ぼう》涜《とく》なんです。

杉田　「亡くなった人に寄り添う気持ちはないのか？」っていわれれば、もちろん寄り添う気持ちはあります。

育ち盛りの子供を残してお父さんが亡くなれば可哀想だと思うし、残された子供たちにも救いの手を差し伸べてあげなければと思います。

そういう個々の気持ちはいいんですよ。でもそのケースをスタンダードに法案を組み立てるのがおかしいということであって、それを突き詰めれば、週休7日ならいいのか、という話まで出てきてしまうんです。

小川　もちろん、１００人中70人が過労死をする社会なら、考えなければならない。しかし、例外的に被害を受けたり死んだりしたケースというのは、社会政策全体に反映させてはいけません。

杉田　私たち国会議員は、法律をつくることしかできません。そうすると今回の働き方改革で、その法律に反対するということは、いまの法律のままでいいんですかということになります。

私たちは、これまでの法律の下で過労死が起こっているから、働き方の改革をしようと提言しているわけです。労働時間による罰則規定もしっかり設けるんだ、と。

で、そこからあとに、それを守らない企業をどうするのかという話があるのであって、そこで過労死の問題が出てくるべきなんです。これはまた違う問題で、いくら法律をつくっても、破る人は破るんです。

小川　過労死というけれど、その多くは法律による保護の問題より周囲の人間関係で大きく変わるようにも思えますが。

他人から命令されてやり続けて、そのまま限界を超えてしまうという感覚は理解するのがなかなか難しいけれど、それで亡くなってしまう方はいるのですね。

杉田　それはね、いるにはいます。

もちろんご遺族には本当に申し訳ないし、可哀想だと思うけれど、大切なのはそういう事情で亡くなった人の遺族に対する保障を充実することであって、それをスタンダードにした働き方を考えるよりはよほど日本のためだと思います。

小川　基本的に人の人生や寿命というものは、天が定めたものなんですよ。

杉田　そう。

小川　これは別に迷信でも前近代的な考えでもなくて、いちばんいい考えです。

どんなに頑張って工夫したとしても、あるいはどんなに金持ちであっても、人の死は突然やってくる。乗った飛行機が爆発したり、交通事故に遭ったり、それはだれにも防ぎようがありません。これは寿命なんです。それを社会制度に入れるというのは無茶な話で、それよりも合理的な平均点でやるべきことでしょう?

杉田　そうですね。

小川　平均点というものは、全員は救えない。また、完璧には救えない。それでいいんです。そもそも社会制度というのは、多くの人を緩《ゆる》く救っていくべきものだからです。

お前も私も超ド級のバカなんですよ

杉田　ですから、掛け捨ての保険でいいんですよ。ガンになったらこれだけ出ます、交通事故でケガをしたらこれだけ出ます、それで安心をもらえればいいんです。その安心をもらうために、月々いくらって払うわけでしょ？

小川　そう。逆にいうと、みんなでそのくらいのことを保障しあう社会というのがいいんだよ。それ以上を望むのなら、子供のころからちゃんと自分の身は自分で守りなさい、ということです。そして、いざというときになったら諦《あきら》めなさい、とね。

社会としては最大多数の最大幸福。個人は自助努力と諦め。

寿命だって近代になって大きく延びたのです。だったら仮に65歳で食い詰めて死んだとしても、ありがたいと思えっていう話ですよ。私なんか素浪人で、将来設計という発想も薄弱だから、自分のそういう死をよく考えますよ。生きる権利って、生意気いうなというの。

だって20世紀の中葉まで日本人の平均寿命は50歳ですよ。まるで自分の命を自分のものみたいに、どこまで生意気になれば気がすむのですか（笑）。

このあたりはすごく大事なことなんです。

お前も私も超ド級のバカなんですよ。なぜそのバカがね、権利だ何だと偉そうな口をきくのか、と。

この「お互いクズなんだ。クズの分際《ぶんざい》で偉そうにするな」というのが、人類の自己認識の基本でなければならない。私こそがクズですと認めるところからしか何も始まらないんですよ、人類なんていうのは。

いや、私こそが素晴らしいというのなら、人に頼らずぜんぶひとりでやれっていう話です。

杉田　そうだ、そうだ。ホントにそう。

小川　どんなにベートーヴェンが偉大だっていっても、ベートーヴェンの食べ物をつくっていたのはベートーヴェンじゃないんだからね。

杉田　そうですね（笑）。

小川　自分で食べ物もつくれないようなヤツが「第9交響曲」を書いたからっていばるな、という話。で、そうだとしたら、「第9」さえ書けないようなわれわれは、もっと偉そうな口をきくなよ、っていうこと。

杉田　そういうベートーヴェンみたいな人たちだって、生きている間に評価されなかった人もたくさんいたわけじゃないですか。不遇《ふぐう》のうちにのたれ死んだ芸術家はたくさんいるわけで、だからやっぱり人生は理不尽《りふじん》なんですよ。

小川　そう。人間ての は理不尽でクズで滑稽で哀れなんです。だから素晴らしい。

杉田　どんなに将来、評価されるような音楽をつくろうが、あるいはすぐれた絵を描こうが、生きている間はまったく評価されないこともある。人生は理不尽の連続で、だからこそ理不尽を自分の力で乗り越える力をつけることが大人になるということで、その大人になる力をつけさせるのが子育てなんです。

セクハラの話だって、そりゃあセクハラなんていくらでもありますよ。いまでこそ「#Me Too」なんていっていますが、その昔は「お前、俺と寝たらこの役あげるから」とかいわれて、実際に寝て役をもらっていたわけでしょう?　ＡＶもそうだけど、「契約結んだら、1本で50万になるから」っていわれて出たわけでしょう?

なのにあとになってから「強要《きょうよう》されました」「すごく嫌な思いをしました」なんていうのなら、きっともっと嫌な思いをした人もいるはずですよ。それは「いや、私はそんなことはできません」って断って、役を干された人。その人のほうがよっぽど嫌な思いをしているわけですよ。

小川　干された人の「＃MeToo」が、次に出てくるかもしれない（笑）。

杉田　おっしゃる通り（笑）。

女優にかかわらず、働く女性は誘われますよ、男性に。それを断って出世を逃すこともあります。そのときはとても悔しい思いをするかもしれないけれど、あとになると誘いに乗るという判断をしなくてよかったと思うものです。

私だっていろいろな経験をしています。腕を引っ張られてホテルに引きずり込まれそうになったこともありますけど、そのときに行かなかったからいまの人生がある。やっぱり行かなくてよかったって思えるわけですよ。

小川　そうです、そうです。

杉田　逆にね、誘いに乗って役をもらったから、あとあと後悔することだってある。でも私なら、断って干された「＃MeToo」をやったほうが絶対にいいと思うんですよね。

小川　「＃MeToo」っていうなら、それで得た利得をぜんぶ還元しないとね。

杉田　そうそう。

小川　それは男と女に限らないんです。子供と大人もそうだし、上司と部下もそう。友達どうしだってそうですよ。つまり人間関係というのは、基本的にすべてハラスメントだと私はいうんです。だって自分と違う感覚、価値観の人間が接触しあうんですよ。ひと言ひと言カチンとくるのは当然。そのうえ体臭もあれば、家族ならいびきや屁にも我慢しなければならない（笑）。それをお互いが調整したり、トラブルを超えて友情を育んだり愛を育んだりするわけでしょう？　夫婦関係なんか、まさにそうですよね。

結婚するときはだいたい、美辞麗句《びじれいく》を並べ立ててプロポーズするわけですよ。だけどすぐに不満になりますよね。そういうことが経験であり人生であるわけです。

逆にハラスメントなんていっさい経験がなくて、「ああ、これが幸せな人生だ」って、あるのですかね？

ハラスメントを受けて手を引っ張られた水脈さんが、断ったときにいまここにいる水脈さんになるんです。もしも引きずられたままなら、別の「何とかさん」になっていたかもしれない。で、その「何とかさん」はそれなりに、また別の道を切り開いているかもしれない。

杉田　ああ、それ、わかります、すごく。

小川　ね、そうした対人関係の選択です。ハラスメントという概念である固有の人間関係をぜんぶ排除したら、そうした選択もなくなるのです。手を引っ張られてついていった「何とかさん」は、それはそれでもしかしたらいまでは大女優になっていたかもしれない。だれもそれを軽蔑《けいべつ》することなんてできません。

杉田　ないないない。それが人生なんですよ、自分が選択した。

小川　セクハラなしにマリリン・モンローが存在し得たのだろうか。モンローの不幸とモンローの偉大さは、同じコインの両面なんですよ。

私が嫌なのは、本質的な人生の哲学的な問題を、人権やある種の政治イデオロギーに還元することなのです。それは人間性に対する最も手ひどい侮辱《ぶじょく》なんですよ。

だからもしね、セクハラという言葉に該当《がいとう》するようなひどい男の嫌がらせの相談を女性からされたとしたら、水脈さんは男のところに乗り込んでいって、「あんた、どこまでくさった男なのよ！」っていうタイプでしょう？

杉田　そう（笑）。

小川　それに比べて「#MeToo」なんていってる連中は、相手の立場や身分が上だったりしたらね、自分はいわずに「朝日新聞」に書かせる（笑）。

杉田　ああ、そうですね（笑）。

小川　だから多くの人が、水脈さんのファンになる。人生の問題は人生を賭けて戦うという人間性が感じられるからですよ。

どれだけ江戸時代の思想が自由で強烈で個人主義的であったか

小川　あとね、過労死の問題で深刻なのは、やはり霞が関でしょう？

杉田　そう、そうなんです。

小川　彼らの労働過多は野党が原因だったりする（笑）。

だからそういうことを社会的に是正することも必要ですが、もっと根本をいえば、個人を強くすることに尽きます。これは権利の問題を主張するのではなくて、体力や忍耐力、道義心――つまり社会の強さですよね。

江戸思想というものがあります。

どれだけこの江戸思想が自由で豊かで強かったかということと、それによって明治国家、つまり大日本帝国がどのくらい形づくられたのかということ。それがすっかり忘れられているんです。

なにしろ日本は、昭和までその遺産で生きていたわけですから。ところが平成になると、江戸の精神的遺産がぜんぶ消えてしまいました。どういうことかというと、モラルバックボーンを全否定してしまったんですね。このモラルというのは、ウソをついてはいけませんとかいう基本レベルの話なのですが、じつは思想的な厚みがないと、そういう基本的なモラルが消えてしまうというのが人類の不思議なところなのです。

文明が進むと頭脳が高度になるでしょう。そうなるとその高度になった頭脳が、ウソをつくための理屈を考え始めるんです。

それはいままさに、野党や「朝日新聞」がやっていること。

つまりね、だんだん悪いヤツが賢くなるので、モラルを守るには対抗して思想を深めていくしかなくなる。そうしないと悪いヤツの屁理屈に負けてしまうんですね。戦後日本はまさにこのモラルバックボーンを失って70年。平成に限っても30年。モラルを守れないエリートをつくってしまった。

杉田　なるほど。だけどそれが昭和で終わったというのは？

小川　占領政策で切られたのですね。そもそも大日本帝国までのモラルバックボーンというのは、単に「教育勅語《きょういくちょくご》」や国定教科書の狭いものではないんです。江戸時代の思想を民間でさまざまに深く受け継いでいました。朱子学と武士道の遺産は非常に巨大でした。それに陽明学や庶民の心学などの系譜が豊かにからみます。

ところが敗戦で、アメリカン・デモクラシーが入ってきた。

このときに戦前の日本はぜんぶがダメでした、ということになる。そのかわりに権利や人権、平和が入ってきて、これからの日本はそれでいきます、と。このとき、日本人がずっと維持してきたモラルバックボーンまでも否定されてしまった。

だけどデモクラシーとか議会制民主主義、あるいは自由と人権というのは、キリスト教のモラルバックボーンなしには成立し得ないものだった。大日本帝国では、それが武士道や儒学でした。そうしたモラルなしでやると無茶苦茶になるんですよ。いまがまさにそうでしょう？　新聞の見出しだってどんなにウソを書いても取り締まられることはないんです。すると平気でウソを書く。

杉田　日本はぜんぶ、性善説ですからね。ウソをついて何をしようが罰せられないという部分は、まさにそのとおりです。

小川　そんなことはしないというのが前提ですからね。国会議員が国会のルールを踏みにじっても罰せられないのは、彼らがそんなルール違反をするはずがないという前提があるからでしょう？

江戸思想についてですが、どれだけ江戸時代の思想が自由で強烈で個人主義的であったか、ということなんです。イメージとしてはおそらく、封建的で「寛政異学の禁」のように学問の禁制があった時代だととらえられていると思いますが、とんでもない間違いですよ。江戸時代は、ヨーロッパの同時代思想と比べても多彩で自由です。しかも殿様から農民まで、思想を掲げているわけです。水戸光圀《みとみつくに》みたいな藩主も思想家ですが、一方で中江藤樹《なかえとうじゅ》は武士から浪人になり、帰農しています。浪人の思想家がとても多いのが面白い。町人出身の思想家もたくさんいました。

これはつまり、支配階級ではない人たちが思想的な影響力を持ったということです。おもしろいのは、各藩が町人や農民の著名な知識人に、藩校や藩主の先生になってくれと頼むんです。

江戸時代は町民や農民でも、藩で召し抱えられれば、殿様が「先生」として師事していた。つまりそういう、自由で多彩な思想の流れがあった。そこで日本の知とモラルと両方が鍛《きた》えられたわけです。これが昭和の戦前まではずっと機能していたんですね。戦後になってもある程度は残っていたのですが、平成になって完全にこのモラルバックボーンが消えてしまった。その結果、ほとんどサルみたいな人たちに日本社会が支配されるようになってしまったというのが私の実感ですね。

杉田　藩校でも、それぞれに藩を挙げての優秀な子たちが集められて、それが農民の子であろうが何であろうが、みんながこの子に学問を受けさせたいって思う。お金がなければみんなでお金を出し合ってでも、その子に勉強させる。そういうシステムが実際にあったわけじゃないですか。

小川　優秀な子にみんなでお金を出して応援するっていうのは、制度ではなくて文化なんですよね。それも見返りも要求せず、自然にね。

人類は男性性の部分が、極端に肥大した生き物

小川　話を戻しますと、大きくいうといまの日本は、ヨーロッパが主導した近代化のなかにいるので、その長所も入ってくるわけだけれど、一方で彼らのおかしな面も入ってくる。欧米人はそれがいちばんだと思いたいし、思ってしまうんです。だけど日本の歴史を見ていくと、欧米が近代化で到達したことの多くを、より洗練《せんれん》させた形で江戸時代までに実現させている。

もちろん科学技術と経済は違う。その両者が他の価値を圧倒するのが近代ですから、その

観点からは江戸は遅れているということになる。

しかし、たとえば男女のことも、男女差別というよりも身分差ですね。武家でいうと上司の奥さんは奥方様で、部下の男性が女性の前に跪《ひざま》いて礼を尽くす。身分差の秩序のほうが性差よりも優先される社会です。しかも日本の家制度でいちばん力を持っていたのはおばあさんなんですから。つまり夫のお母さん。いまでも田舎の旧家に行けば、そういう感覚が残っているでしょう？

何ごとも最後には母親が出てくる。そういう感覚。男は表で戦って見せたり、喧嘩をしたりして社会性を演じている。それは真剣勝負ではあるけれど、同時に演劇空間でもあります。男はそういう社会を外で演じて、家に帰ってくると気の弱い男は奥さんに怒鳴られっぱなしになる。

そのときに「わたくし」の部分では、おばあちゃんがいちばん強い。つまり「表」と「奥」の感覚です。これはまさに知恵なんですよね。

杉田　満たされていると、欲はなくなるじゃないですか。日本の女性って、そうだったと思うんですよ。

逆に欧米の女性は、もっと上にいきたいと考える傾向が強いのではないか、と。世の中では女性も男性も同じくらい働いているのに、まだ女性の管理職の割合が何パーセントだというのは低すぎると主張する。そういう彼女たちが日本を見たときに、なぜあなたたちは女性管理職の割合が10パーセントで満足しているというわけです。

いやいや、まさに大きなお世話じゃないですか（笑）。だって、女性の活躍を推進するときに働いている人たちにアンケートを取ったら、8割の女性は管理職にはなりたくないって回答してきたんですから。それはまさに女性の意思じゃないですか。

小川　ですよね。その根本をいうとね、そもそもが人類の文明社会は男性原理でできたものでしょう？

さっきの「表」と「奥」でいう「表」ですね。制度や法やインフラをつくり、逆に戦争で壊したりということは男性的な原理です。それで人類はここまで来たわけです。

しかし、根本には生物としてのなりわいの部分が保たれていなければならない。女性はその部分で、子供を産み育てる。男性が外で暴れて戻ってくる場所を、女性がつくる。ほ乳類のある種の段階から上の生態を見ると、そういう「オスメス」分業はけっこう多いわけです。

いちばんの原型にある生物としての部分を見ると、人類は外に向かって創造と破壊を繰り返す男性性が、極端に肥大した生き物なんです。

男性性が肥大したというのは、遺伝子的には男性のほうが足りなくて、パーだからそうなっちゃったんだけれど（笑）。

杉田　（爆笑）。

小川　そうした逆説ですよ、人類のおもしろさというのは。創造と破壊を繰り返す男性性の面白さが、病理でもある。そのことが人類のほかにない特質でもあり、人類の苦しみでもある。女性というのはあくまでも、男性がそうやってつくりだしてきた、おもしろいけれど異常なものに対して、より生物としての深い感覚を持っている。それで共同しているというのが、生物としての人間社会の見取り図だと思う。

杉田　まったくそうですね。共同ってそういうことだと思うんです。だから日本では最初から、共働ができているんです。

長谷川三千子《はせがわみちこ》先生（編集部註／哲学者、評論家。埼玉大学名誉教授。日本会議代表委員。NHK経営委員）がおっしゃっていたのですが、男女共同参画というのは男女平等にすることではなくて、きちんと男女の役割分担をしたうえで、精神的・身体的特性を認め合って、そのうえで世界をつくっていくということだ、と。それをどこかではき違えて、何でも男女平等にすることは、決していいことではないはずなんですよ。

本当に国定教科書でいいんですよ

杉田　「杉田水脈は女性が全員専業主婦になれって主張している」ってよくいわれるんですけど、私、そんなことはひと言もいっていないんです。

専業主婦というのは大正時代くらいから、つまり工業化が進んでいく日本のなかでできてきたもので、農耕民族時代の日本に専業主婦はいないんですよ。

小川　いませんね。

杉田　嫁は働き手なので、嫁に来て子供を産んでも、3～4週間ですぐに畑や田んぼに出る。じゃあだれが子育てをしていたのかというと、隠居したおじいちゃんやおばあちゃんなんです。子供の感覚とおじいちゃんやおばあちゃんの感覚はすごく合うので、子育ても円満にいくし、いまでいう育児ノイローゼのストレスもないわけです。実際、若い夫婦が核家族になって子育てをするというのは、戦後になってからの話なんですよ。

専業主婦は素晴らしいというのは保守派のオジサンたちがいう言葉で、だけどそういう感覚ができたのだって戦後です。

日本本来の子育てというのは、嫁も働き、おじいちゃん、おばあちゃんが育てている。これが農耕社会の日本で、ずっと受け継がれてきたことなのです。

ですから私は、そういう形態に戻せば日本はもっとハッピーになるかもしれないと。政策をつくるときには、おじいちゃんやおばあちゃんと同居するとか、近所に住むとか、そういう政策にお金をもっと出すべきだと思っています。保育所に預けなくてもすむように、おじいちゃん、おばあちゃんが近くで見てくれる環境をいかにしてつくり出すか。でも、若者がみんな東京に出てくるような時代のなかで、実家の近くに住む、あるいは同居することは難しい。

それならいかに若者が地方に定着するか、そこで経済活動ができるのか。もしもそこに軸を置くのであれば、やるべきこともたくさんある。問題は必ずしも待機児童解消だけではないはずです。

東京だから出生率が極端に低いわけで、地方に行けば1・8程度はあるわけです。もしも地方で子育てができれば、少子化は止まるかもしれない。

小川　そうそう。

杉田　でも、そういう政策を口にする政治家がいないんです。

小川　どんどんそういうことをいってください。私も民間でどんどんやりますから。

杉田　それから地方分権についても問題があります。ニューパブリックマネジメントの研究でイギリスに行ったときに感じたのは、地方分権の前には一度、徹底的に中央集権をやらなければいけないということでした。日本は中央集権の国だといっていますが、単に仕事が一極集中しているだけで、じつは中央に権力はないんです。というより、何を中央集権にして、何を地方分権にできるのかという議論すらやっていない。

官僚出身議員が多いなかで、地方の公務員をやっていた国会議員は少ない。だから地方分権の議論をするときに地方行政を経験した議員がいない。これは私が国会議員を志した最初の動機で、国会議員にしかなるつもりはないっていい続けたのはそれが理由なんです。

それはともかく、たとえば日本の言語は日本語です。国家は「君が代」です。国旗は日の丸です。これははっきり決めておかないと、ウチは中国語でいきますという地方都市が出てきたら困るわけじゃないですか。バカみたいな話ですけど、出てきますよ。

たとえば道州制にしました、関西州の標準語を韓国語にします――極端かもしれませんが、そういうこともできてしまうんです。困るわけですよね、それでは。

結局、日本という国は、ここは絶対に崩していけませんというラインがまだ決められていないんです。もちろん嫌がると思いますよ、リベラルな人たちは。でもそこはきちんと決めておく。地方で決めていいことはどこまでなのか。それをやらないと。

教科書にしても、検定で民間に任せるということはせずに、すべて国定教科書にする。つまり、国家として教えるべきことを教える。「君が代」についても徹底的に教える。もしも歌わせない学校があったら罰する。

小川　本当に国定教科書でいいんですよ。

杉田　うん、そう。

小川　思想の自由が奪われるというけれど、何いってやがる。戦前のほうがよほど自由な思想家や文学者が出ましたよ。

杉田　そうです。

小川　つまり関係ないんですよ。国が教科書をつくるから言論や思想が委縮《いしゅく》するのではなくて、もともとそんなものは誰も信じていないんです。国が教育するというのは、所詮《しょせん》そんなものなんだから。大事なのは建前《たてまえ》なのです。建前としては大事。だけど、皆、それが建前にすぎないことを知っているから、かえって思想の自由への感度は敏感になる、けれども、そういうきちんとした国の方針がないところに、あるいは国の方針をカマトトにしておいたところで民間に任せます、という曖昧な国会の関与がダメなんです。

民間は責任なんて持ちません。最終的に国が検定するんだから。でも、国も責任は持ちません。だって民間がつくっているんだから。つまり、だれも責任を取らないでいいようにこんなことをやっているんですよ。だから、国定教科書で建前上は国が責任を取ればいいんです。

杉田　そう。

小川　そのうえで民間は、いくら国が教育方針を決めても、自分が共産主義者になりたければなればいい。それが思想の自由ということなのです。だって教科書会社の自由なんてねえ……。

杉田　あり得ないでしょう?

小川　国民の自由とまったく関係ないし、私たちの思想の自由とも何の関係もありません。単に教科書会社に数名で執筆している、極端な左翼の唱《とな》える自由を国が検定の名の下に認めているだけです。

杉田　学習指導要領を決めます、それに基づいて民間の教科書会社が教科書をつくります、でも学習指導要領にこれを載せるか載せないかはパブリックコメントを取ります……これでどこに国が責任を持って子供たちを教育できるんですか？

　そういう偏《かたよ》った教科書で大人に育ってしまった人たちに意見を聞いてどうするのよっていうことです。これを子供たちに教えなければいけないということをパブリックコメントで決めるって、国の責任はどこにあるんだって。

小川　そうなんだよね。

杉田　あり得ないですよ。

第4章

自民党と国会の在り方について

総理というのは、党派を超えた存在

杉田　私も自民党のなかに入ってみて、派閥があるというのがとても新鮮です。宏池会があり、平成研があり、清和研があり……どうなのかなっていう思いはすごくあります。派閥によって、いろいろな意見があるのもすごいな、と思いました。憲法論議をしているときも、9条には触《さわ》らないほうがいいという先生方もいらっしゃるんです。

さっきも安倍総理が平昌オリンピックに行かれたことについてお話しましたが、どこかの新聞がですね、「じつはすでに行くことは、ある程度の既定路線なのだけれど、反対の声が大きければ大きいほど値打ちが上がるから、官邸と反対派でそういうすり合わせがあったんだ」という報道をしたんです。

バカなことをいうなと思って。だれもそんなすり合わせなんかしていませんし、私を含め議論の場にいた人たちは全員、行くことに反対だったのに。

小川　中曽根弘文《なかそねひろふみ》さんも、きちんと出てくれましたね。

杉田　そうです、中曽根先生がおっしゃってくださったんです。みんな反対だって。でも、

「そうです、やっぱり総理は行ったほうがいいです。お隣の国とは仲よくしたほうがいいですから」っていう議員ばかりだったらと思うと怖いですよね。最終的に総理は行かれたけれども、すり合わせではなく、反対する議員がこれだけの数がいたということは……。

小川　重要です。

杉田　すごく重要なことだったのかな、という気持ちはしますね。

小川　うん、これだけ長期政権になっているわけですし、これからも長期政権をぜひ続けてもらわなければならない。

杉田　そうしてもらわないとダメなんです。

小川　すると総理はね、保守派の総理ではなくて、日本の総理なわけです。共産党だって災害が起きれば総理の指揮下に入らなければならない。北朝鮮問題だってそうです。つまり総理というのは、党派を超えた存在なんですよ。

そういう党派を超えた人間に政治闘争的な主題の先端をやらせてはいけない。そういう意味で自民党内でどのくらいの人がきちんと国益、国家の尊厳を守る強い政治発信をするかが問われています。

いまの日本の弱者利権、特権、マスコミのフェイクの野放し状態、こういうことが重なるなかで、国益派の総理をやるのがいかに大変か。だって、そういう人たちも全部まとめていかなければ、総理大臣なんてやれないですから。

杉田　ホント、そうです。

小川　だからそこは、自民党が戦わなければいけない。自民党保守派有志がね。

杉田　私はそこが、1期目の安倍総理といまの安倍総理の違うところだと思っています。そのへんを背負っていたため、任命した大臣が危ないときもありました。

はっきりいって1期目は乗り切れませんでした。でもいまは安定している。バランスが素晴らしいんですよ。

私たちから見ても「ええ！」と思うことや、「総理、大丈夫ですか？」と思うこともあります。もしかしたらこの間の解散もそうだったのかもしれません。でも、最後はすべてがうまくいくんですよ。

そういうところは神ってるというか、神業《かみわざ》だと思います。

小川　確かに神業のように国民本位、日本本位に辻褄が合いますよね。

杉田　神業だと思います、最近ホントに。

小川　だからこそ、いまの日本の置かれている実情を知っている方たちも、役割がある。

星ひとつの評価の人は、ほぼ全員が読んでいない

小川　例をひとつ挙げると、私の書いた「モリ・カケ」本『徹底検証「森友・加計事件」――朝日新聞による戦後最大級の報道犯罪』がありますね。あれ、アマゾンで300以上のレビューがついているんです。

そのうちの85パーセントが5つ星評価で、8パーセントくらいが星ひとつなんです。ところが星ひとつ評価の人は、ほぼ全員読んでいない。

杉田　ああ……。

小川　ある人がチェックしてくれたのですが、ちゃんと読んで星ひとつにしたのは、ひとりだけだったそうです。それ以外は「小川は日本会議だからダメだ」とか「ネット用のデマ本だ」という決めつけばかり。ひどいのになると「読んでいないけどデマです」と書いてある(笑)。

杉田　ただね、ああいう人たちもある意味ですごく学習をしていて、安倍政権にとって何がいちばん効くか、わかっているんですよ。それが「モリ・カケ」であり「日本会議」なんで

す。

日本会議批判の本がベストセラーになっています。「日本会議はこんなにひどい」と、これでもかというくらい批判している。それを受けてフランスのフリーペーパーも「日本会議がひどい組織で、しかも日本の政権は日本会議に乗っ取られている」というようなデマを書いて世界に発信している。だから彼らはね、日本会議批判は効くぞとか、「モリ・カケ」も有効だぞと、学習したうえでそのキーワードで叩くんですよ。

小川　逆にいうと、そういう批判しか低評価がないわけ。

杉田　そうですね。

小川　そして普通に読んだ人たちのアマゾンのコメントを見ると、噂を聞いて読んだとか、裁判で話題になっているので読んだ、と。何も安倍政権全面応援だとか私の熱狂的なファンではない。私の本に批判的な観点も書いている。それでも中身の実証性は評価するというのですね。何がいいたいかというと、本当のことを知れば、普通はそうなるんです。

杉田　そういうことですね。

小川　何も読まずにただ否定をしてくるわずかな人と、知ったうえで批判的なスタンスは保ちながらも、情報の価値を評価できる人。アマゾンを見る限り、後者が8割です。日本人の多数派ということになる。

杉田　そうです、ホントそうですね。

小川　そうすると、その多数派約８５００万人の有権者に情報をどうやって届けるのか。そこにかかってくるのではないでしょうか。

国民は、法治国家だということの意味を理解していない

杉田　今回、私も2回目の当選をしてみて思ったのは、私自身がいろいろな意味で初めてのパターンだったんじゃないかということです。

自民党から声がかかって、中国比例の単独で出て当選するというのも初めてです。私、普通の政治家がやるように地べたを這《は》って戸別訪問をし、支援者を固めて後援会をつくってということは、何もしていないんですよね。じゃあ私の何を評価していただいたのか、本当のところはわかりません。が、国連に行ったり、本を書いたり、個人でいろいろと活動をしてきた。そういうことを評価していただいたのかもしれません。

とはいえ、ひとりで後ろ盾もないのにぽーんと自民党に入ってしまった。前みたいに弱小

政党なら、つまり野党ならまだいいんですけど、今度は派閥にも県連にも入らなければいけない。さっきもいいましたが、じゃあパーティ券をどう売るの？　党員集めはどうやるの？　地盤も看板もない私には、大企業に頭を下げに行って、パーティ券を何枚買ってくださいっていう術《すべ》がないんですよ。

でもいろいろやっていくうちに、メルマガで知って党員になってくれたり、パーティ券を買ってくれたりというように、いままでにないパターンができているんじゃないかと感じています。こういうパターンができてくれば、次世代の女性たちも杉田パターンでやってみようかなっていう人が出てくるんじゃないかなって。

小川　それが、デモクラシー本来の姿なんですよ。

もしかするとこれ、新しいパターンじゃないのっていう手応えを感じますね。

杉田　選挙では確かに二世三世が圧倒的に強い。なぜかというと、国会議員が因習的な職業になってしまっているからです。リベラルとか政党の看板が乱舞しているけれど、実際には人材が来るべきところに来ていない。

小川　ただ、だれもが最初は一世だったわけですよ。明治時代に議院内閣制になったとき。そこから始まっていままでは本当にすごいですよ。右も左も二世三世。

小川　結局、小選挙区で新しい人が出てきて当選するのが難しい。中選挙区時代なら、鮮明な主張をもった政治家が、カラーを出して2位当選、3位当選もあったけれど、小選挙区だと全有権者にいい顔しないといけないしね。

杉田　あとは官僚出身の人が多いのと、もうひとつは、これは減っているかもしれないけれど、市議をやって県議をやってという叩きあげ。

どちらにしても、二世三世の人は思考からして違うんです。たぶん小学校くらいのころから政治家にふさわしい「正しい行動」を常にしてきたんだろうし、勉強も結婚もぜんぶそうです。私、彼らとはとても新鮮な気持ちで意見交換をしています。ああ、こういうことに対してはそう思うんだって。

小川　自由社会だから、家業を継ぐ自由もあります。だから欧米でも二世三世議員はたくさんいます。世界的にも増えていると思うんですね。大国どうしの戦争が長いことない。あれば権力者構造が変わるでしょう。

しかし、時代の空気を本当に掬《すく》いあげられる政治家が欲しいんだよね。

本来なら、政治家は羅針盤をつくるのが仕事です。霞が関の秀才官僚がその方針に従って細部を埋めていく。でもいまは羅針盤をつくる能力が政治家に非常に欠落している。

そんななかで二世三世が多くなっていくと、永田町のプロが多くなってしまうんだね。でも、国会議員というのは、私の批評という仕事もそうなのですが、ある面で永遠のアマチュアでなければならない。

世の中にはプロであるべき仕事と、アマチュアでなければならない仕事があるんです。霞が関はプロでなければいけない。だけど政治家はある面でアマチュアであるべきなのです。ところが政治のプロになると、「あ、この法案を通すならここに電話して、××党のだれだれや業界団体にこう持ちかけて……あとはマスコミに勝手に騒がせておいて、日程上はこのへんが採決の落としどころだね」――これは、本当はダメなのです。これはプロの仕事です。でも本当は、これは変だ、ここには不正や不合理があるなという国民の感覚を国会でぶつける。それが政治家の役割です。

ただし、アマチュアというのは素人という意味ではありません。問題意識を提出する専門家といえばいいかな。思考の土俵を絶えず崩して、自ら路線を敷こうとするといってもいい。そういうところがいまの国会議員にはなくなっている。二世三世だから、官僚出身だからダメということではなく、そういう問題設定をしないために霞が関に国会議員が利用されている気がする。

杉田　確かにこの人、何がやりたくて国会議員になったんだろうっていう人が多すぎると思います。ただ、二世三世であっても、これがやりたいっていう人もたくさんいるんです。たとえば平沼赳夫先生は、厳密には二世とはいえないかもしれませんが、曾祖叔父の平沼騏一郎先生の養子です。頑なに自分は憲法を変えなければならないんだって訴えていらっしゃって、2回落選して3回目で初当選して、ずっとそれをやり続けてきたわけです。自分が何がやりたいのか、日本という国のために何がやりたいのかが明確にあるんですね。

官僚出身の人にもいますよ。これを変えるには法律から、もっと深いところから変えていかなくちゃいけないっていう人が。だって法律を変えられるのは国会議員だけですから。逆に法律に従って動くのが官僚なので、これ以上のことは官僚ではダメだ、国会議員になりたいっていう志を持っている人もかなりいますよね。

私は国会議員のバッジがあってもなくてもやれることをやると、いつも考えています。いまは国会議員なので、いちばんにすべきは憲法改正。この押しつけられた憲法を変えることだと思っています。

日本の国民の人たちについて思うのは、法治国家だということとの意味をあまり理解していないということです。法治国家ということは、私たちの生活、行動はぜんぶ、法律によって規定されているということです。税金のことから始まって、年金についても子供手当の額にしても、ぜんぶ法律で決めているわけだし、奨学金も生活保護もそうです。

そこでもしも自分の生活に不満があるなら、あるいは不安を解消しようと思うなら、法律を変えなければダメなんです。もっというと、いまの自分は幸せだけれど、子供の時代はどうだろう、孫のときはどうだろうと思ったら、やっぱり時代にあった法律に変えていかなければいけない。

そこに無関心だから、選挙に行かない人がいる。「だって、入れたい人がいないもん」って。どうせ何も変わらないんだからって。でも政治には無関心ではいられても、絶対に無関係ではいられないんです。じゃあ、だれが法律を変えられるんですかといったら、議員しかいないんですよ。私は選挙の街頭演説では、その話しかしません。するとバスの列に並んでいる人たちも、真剣に聞いてくれるんです。

マスコミ自体が、デモクラシーをいちばん理解していない

小川 まさに正論ですね。政治と国民の関係の根本を国民に理解させなければなりません。

戦後、自民党政治を左翼マスコミが叩くというのがパターンでしょ。国民は自民党の政権でいてほしいんだけれど、いいときは勝たせて、マスコミが叩くときはぎりぎりまで負けさせる。しかし事実上、国民は自民党に委任状を出しているわけです。戦後復興、高度経済成長からバブル期まで、国民が皆右肩上がりだったときは、政治に注文をつけなくても、共産党政権にさえならなければよかったからです。

日本の戦後は結局、マスコミに適当に叩かせながら、国民が自民党に委任しつづけた歴史でした。国民はお金を稼いでレジャーして、政治は自民党に任せておけばそんなにバカはやらないから安心していた。公害もいつの間にかなくなるし、福祉も充実するし、それはぜんぶ自民党がやったのです。

それがこの30年、日本が迷走した最大の理由は、この白紙委任が難しくなってきたからです。

経済成長の可能性が乏しくなり、少子高齢化が進みました。しかも中国は巨大化する。自民党は利益分配型から政治による国家主導になかなか入れない。政治が本当に重要になってきた。委任状で結婚する人はいない（笑）。

杉田　（笑）。

小川　結婚や就職と同じように、政治に関心を持つことが、国民ひとりひとりの人生に関わるほど、政党や政治家の任務が重くなった。劇的に戦後の自民党政治時代と変わったのに、マスコミだけは変わらない。政治側はけっこう頑張ってきた。あえてかつての民主党のことをほめるけど、彼らが2大政党制を目指したとき、その志はよかったのです。自民党が下野《げや》したときには、もう2度と政権の座に戻れないかもしれないという恐怖と戦いながら党を鍛え直した。ところがメディアが変わらない。だから国民は政治の役割の変化、あるいは自分たちがどれほど危険なところに来ているのかわからない。

杉田　国会議員の役割はそういうところ、つまりよりよい国民の生活を築くための法律の議論をすることだと思うんです。ですが法案審議の時間まで「モリ・カケ」で使われている。

これが私が国会に戻ってきていちばんびっくりしたことなわけですよ。でも国民は、それをおもしろがってテレビを見てしまう。視聴率も取れてしまう。マスコミもそればかり流す。もしかすると半分くらいは、「国会ってそういうところじゃないでしょう？　何やってんの？」って思って見ている人もいるとは思うんです。そこのところは取り上げない。でもこのままいくと、北朝鮮や中国みたいな国になってしまうよ、という話だと思うんです。

いまはインターネットがあるから、若者たちも世の中の真実に気がついていて、彼らは自民党支持者もしくは安倍支持者になって、きちんとものごとを考えるようになっているという話もあります。でも、私はそれは違うと思っています。確かに若者はネットを見て、情報を取ってはいます。でも彼らは、自分の興味のある情報しか取らないですよ。一所懸命に政治のことを見ている10代、20代なんか、ほんの少ししかいない。

じゃあなぜ若者は自民党を支持してくれるのか。

実際に経済成長でバブル期に匹敵《ひってき》するくらいの就職先があるからです。一方、旧民主党政権時代に就職を迎えていた先輩もいて、あのときは就職氷河期で苦しかったという話を聞けば、いまは就職先もあるし、そこそこ名のある企業にも大学を出れば入れる。だったらだんぜん安倍政権のほうがいいなって思うじゃないですか。

だから彼らは、政治が経済をよくしたり悪くしたりするということが、体感的にわかってるんじゃないのかな。

彼らはネットから正しい情報を得ているというより、政権が変われば経済も変わるということをわかっているのです。アベノミクスについても、野党は一所懸命に「失敗している」と騒いでいるし、大人は何も得をしていないといっているけれど、子供たちは就職を通じて実感している。だから10代20代に自民党支持が多いんじゃないかと思うんですよね。
ただ、そこをどうすれば、ちゃんとした思考に結びつけてもらえるのか。

小川　そもそも左派マスコミ自体が、デモクラシーをいちばん理解していない。本当の国民的争点をいつだって隠すんですから。

具体的には、杉田さんを見せたくない（笑）。「朝日新聞」は絶対に出さないっていうのだから（笑）。本当に争点にするべきことをちゃんと見せれば、おもしろいはずなんです。だから杉田さんの質疑はネットで拡散していく。おもしろいからですよ。正論でもつまらなければ拡散しません。

確かに多くの人はまだ関心を持っていないけれど、一度でも見たら興味を持つ、あるいはもっともだと感じる人は潜在的に多いでしょうね。

世の中にたくさんタブーがあることは皆が感じている。そこに切り込んでいったらそれはおもしろいに決まっている。

マスコミはフェミニズムを批判議論や、韓国に切り込んでいく議論は世に出したくない。国民が関心を持つに決まっているテーマがほとんど報道されない。そこに切り込んで、国民が興味を持たないはずがありません。

自民党はデパートだ

杉田　ものはいいようといいますが、「これだけいろいろな意見があっても、一致団結して前に進める自民党は素晴らしい」というういい方をする人がこちら側にもあちら側にもいます。もしかしたらそれは、日本の強味なのかもしれないとも思うし、実際、ひとりだけ尖ってやってみても、決して支持を受けることができないというのは私自身が身に染みて感じています。いくら正しいことをいったところでね。

小川　それはそうなんですよね。

杉田　２０１４（平成26）年の衆院選では、次世代の党があれほど負けてしまうとは思ってもみなかったので、すごく辛《つら》い思いをしました。先ほど小川さんがおっしゃった、ある程度の人々はわかってくれていて、私たちを応援してくれているのではないかと思っていたので、前回落選したときの選挙でも、もうちょっとは議席が取れるのではないかと思っていました。

小川　ああ、なるほど。

杉田　全国に比例ブロックがあるじゃないですか。議席の多いブロックなら、１～２議席は取れるかな、と。維新だって1～2議席は取るわけですから。人口が多い東京や近畿なら、2～3議席はいけるかな、それ以外でも選挙に強い人なら小選挙区で当選してくるのかな、と。ですから議席数はあまり減らないだろうと思っていたんです。

ところが蓋《ふた》を開けてみたら、比例ブロックはゼロ！　小選挙区で当選したのは平沼先生と園田博之《そのだひろゆき》先生だけ。やっぱりこの程度だったんだ、と思い知らされました。でも、それじゃあ自民党には勝てないし、左派系野党にも勝てない。安倍政権が保守を標榜している以上、いくら保守を体現しても弱小政党では絶対に勝てないわけです。思想が近い保守政党であったとしても、ダメなんですね。私、いつもいっていたんですけど、自民党はデパートだと。

小川　そうだね。

杉田　何でも売っているデパートなんです。地下売り場に行けば高級和牛も売っているし、上の階に行けばおしゃれなドレスもある。子供を連れて行けば子供用品も売っている。まさにデパート。

で、当時の民主党はそのへんにあるスーパー、それこそイオンかな（笑）。たぶん維新はコンビニくらいで、売りたいものだけがレジの横に置いてあるイメージ。

それで、弱小政党が政策を一本化、つまり専門店化して、どんなに頑張って高級牛肉を売ろうとしても、なかなかキビシイという構図です。

ウチにはホントに素晴らしい和牛、すごく美味《おい》しいお肉がありますよってアピールしても、だれも買いに来てくれない。きっとそれが、当時の私たちの立場だったのかなって思っていました。

小川　旧民主党系も、基本的に組織や地盤がしっかりしている議員だけが残っていますよね。あとは共産党と公明党ですが、これはもう戦後70年かけて、組織に人生を捧げた人たちの努力の集積です。でも逆にいえば、公明党だって現状以上には広がらない。いくら芸能界を制覇しても、ここまでが限界。共産党なんか、それこそ日本でいちばん頭がいい人たちをいくら育ててみても、もうこれ以上は拡散できないんです。というより、縮小、高齢化が進んでいる。

つまり日本人というのは、だれかが何かを明確に打ちだして、それが正論だったとしても、じゃあ正論だからみんなでそういう流れをつくろうというタイプの民族ではないという気がします。

さっき杉田さんがおっしゃった第１次安倍政権の挫折《ざせつ》というのは、理念の政治家であることを前面に押しだせば、ついてくる人はついてくると思ったのが原因でしょう。想像以上についてこないんです、日本人は。
ところが今度の安倍政権は強い。どんなひどい打たれ方をしても、しばらくすると支持率は50パーセントを超えるというお化けのような強さです。
いまの安倍総理は自分のコアな支持者を肝心なところで裏切っているんですね。
靖国参拝は1回しか行かないし、日韓合意もしている。安倍さんを押しだしたコア層から見れば、彼らの思いを裏切っているのに、それを皆であの手この手で忖度《そんたく》しながら支持しつづけている。こうしてコア層が離れていかないところに、安倍という政治家の天命があり、そこがまた日本のおもしろさでもあるのだと、ある人は私にいってきました。

杉田　ああ、その通りですね。なるほど。

小川　おもしろいな、と思いましたね。これが日本人の政治意識なのだ、と。

杉田　まさしくそうだと思います。私もいまはこういう立場なので、ツイッターでも左と右の両方から叩かれます。未だに「安倍は売国奴！」っていう右翼がいて、「アイツは日韓合意をした。お前は自民党に入った途端、日韓合意に賛成してスタンスを変えやがって」みたいなことを右の人からもいわれるんです。右から叩かれ、左からも当然叩かれ……だからといって、じゃあ「日本第一党！」をやれば支持が得られるのかといえば、一定数はともかく、大きな支持は得られませんよね。

そういうなかでバランスを取りながらやらなければいけない。いつもいっているのですが、安倍総理がやっていらっしゃることは、ホントに針の穴に糸を通すようなことばかりで、それをずっとやってきているのだから、すごい精神力だと思っています。

小川　本当ですね。みんなが不満を持ちながら、それでもみんながついていく状況をつくらなきゃいけないわけだから。

杉田　ですよね。

力を持った安倍総裁のマネージャーがいない

小川　安全保障と情報の自主権がない国で、愛国保守派の総理大臣をやるのが、まず根本的に大変ですからね。手足はないのに、愛国保守であることで支持を取りつけ続けるのは、ホント神業です。本音ではちゃぶ台返しをしたい。安全保障も劇的に変えたいし、諸外国、大国並みの情報機関も設けたい。

杉田　「スパイ防止法」だってやりたいですよ。

小川　それをやると宣言した途端、引きずり降ろされるという状況でやっている。たとえば外務省主導で情報機関をつくるといったら、防衛省や自衛隊から反旗を翻《ひるがえ》されます。これが警察主軸だったら逆になります。官僚パワーがマスコミと結託すれば、政権は潰されますからね。昔のように派閥で力を引きあっているのではなく、もう寄ってたかってみんなで潰しに入る。

昔は自民党内で派閥の持ち回りでした。それは結局、派閥にお金と人事権があったからです。そこを押さえていれば当然、パワーは持てる。官僚とのパイプも強力でした。

いまは建前上は、自民党には政党助成金としてお金が集まってくる。献金も来ます。そうすると総裁と幹事長が圧倒的なパワーを持てるのか。実際にはそうはいえません。

総裁や官邸の権力は限定的で、しかも明確な分業があるわけでもない。権力の中枢がどこにあるのか、いま外からは非常に見えにくい。

杉田　ただ、内部からいろいろ見ていると、たとえば選挙ではここが幅を効かしているんだとか、官僚を入れるときにはここが、というのはわかりますね。この間の衆議院選挙だって、ある派閥などは当時の民進党を辞めて入りたいという人を、とりあえず懐《ふところ》に入れているわけです。自民党の党籍はないけれど派閥には所属している。そうすればその人をどうしても立てたい。最後の最後まで粘《ねば》って、じゃあ両方とも公認はなしで、自民推薦にする、勝ちあがってきた者を公認する、という形。そうやって持ち込んできた派閥がありました。
ほかの派閥はもちろんカンカンですよ。自民党の公認が取れれば絶対に勝てるのに、戦って勝ったほうを公認するっていわれるわけですから。それをいくつも通しているわけで、そういう意味では選挙ですごく力を持っている。

小川　そうですよね。だからやっぱり保守のなかから、本当にとんがった喧嘩屋が出てきて力を持ってほしいのと、もうひとつ、力を持った安倍総裁のマネージャーがいないんですよね。

杉田　そうですね。

小川　いま安倍総理のマネージャーは菅さんや今井尚哉《いまいたかや》さんですよね。しかし自民党総裁としてのマネージャーがいないから、力がある他派閥の領袖《りょうしゅ》に事実上かなりの部分を譲ったり、委ねたりするほかはなくなってしまう。それがいまの二階さんとの関係ですよね。
やっぱり番頭の能力を上げないとどうしようもない。

杉田　私たちには番頭の役割はできないので、若手のころに安倍総理や中川先生がやっていたようなことを……だっていまはもう総理総裁なんですから、そこはわれわれ若手がやらなければいけないんだろうなって。

小川　杉田さんたちは、それでいいんですよ。ただ、私はやはり日本という村社会を抑えるにはマネージャーが必要だと思っています。足がつかないお金がつくれる人ということですけどね。

とにかく安倍総理の周りの人は人間性がきれいな人が多いから……。もちろん安倍さん自身も利権タイプではなく、そのうえマネージャーがいなくても総理総裁を長期維持していますので、いまのところ結果オーライではある。

それに、いいマネージャーがいても悪い政治家では元も子もない。

だから杉田さんをはじめとした若手議員は、若き日の安倍さん、中川さんたちのような切り込みを続ける。それで世論やパワーを引き寄せて、次の時代を切り開いていくというように徹したほうがいいですね。

そもそも安倍さんという政治家は、自民党の歴史から見ると新たな時代を切り開いた人です。

自民党は、55年体制以来、派閥の領袖の切磋琢磨《せっさたくま》による共同体でした。岸さん、佐藤さん、池田さんであったり、河野一郎や中曽根康弘だったりね。皆、思想でつながっていた。もちろん利権がなければ政治はできないわけですが、思想や人間性といったネットワークがあった。ところがこれが、小選挙区制度になって根本から崩れていった。

杉田　そうですね。

小川　すると選挙で勝てる総裁なら立てるけど、それができないなら辞めてくれという話になってしまう。派閥の領袖を守り、育て、政権にもっていこうという集団意志が消えている。安倍さんの政治信条なんか信じていなくても、選挙に勝てるのであればいうことは聞くんです。でも、いざ勝てないとなったら全党的にすぐ代わりを探すでしょう。だとすればこれはもう、政治信条の連鎖で強固になっていくという政治集団ではない、ということになります。

杉田　そこで、ひたすら国益のために戦おうなんていう姿勢を示せば、いちばんに叩かれますよ。

小川　そう、党から叩かれちゃう。

杉田　党からも叩かれるし……病巣《びょうそう》は深いです。

小川　そこで、党内バランスを考慮し、支持率を注視しながら国益を粘り強く追求する安倍政治が登場し、成功した。戦うことと妥協することのバランスを少しずつ、安倍政治の軌跡から学んでいかれるといいのかもしれません。

第5章

男女平等と女性議員

だからこそ前川さんが言い訳をしたのが、私には許せない

杉田　内閣府の予算委員会で予算案を見て大激怒し、自身の質疑で取り上げたのですが。2018（平成30）年から「AV出演強要とJKビジネス防止月間」みたいなものをつくるしいんですよ、内閣府が。「え？」って思ったんですけどね。「JKビジネス」って前川氏（編集部註／元文部科学官僚の前川喜平氏）が行ってたものじゃんって。

小川　前川さんは、そちらの道では「顧問格」ですから（笑）。出会い系バーでの「貧困調査」でね。

杉田　あんなこと、普通の学校の先生がやったら、即、懲戒免職《ちょうかいめんしょく》ですよ。

小川　懲戒免職ですよ。私、実際に店にも取材に行っていますから。

杉田　それなのになぜ、トップだけお咎《とが》めもないのでしょう？

小川　彼は「あしながおじさん」ですからね（笑）。

杉田　そんな言い訳が通用すること自体、あり得ないでしょう？

小川　ああいう人が延命して、いろいろなメディアで人気者である有様を見ると、どんな生

き方をしても許される、いい社会になったなあ、俺もどんどん悪いことをやってやろうっていう希望に燃えてくるよね（笑）。

杉田　私は絶対に行かないですけど、もしも何かで「杉田水脈ホストクラブ通い」なんて書かれたとして、「貧困調査です」って釈明が通用しますかね、という話です。

小川　どんどんお金をむしられて、自分が貧困になるんだよね、ホストクラブは。

杉田　自分が貧困になっても、貧困調査ですって（笑）。

小川　体験的貧困調査（笑）。

まあ、まじめに話すとね、これは杉田さんだからこそ、よく認識しておいてほしいということなのですが……。

あの店は私は取材で行って本にも書きましたが、ありていにいえばグレーゾーンめかしつつ、実態は完全な売春システムの店です。来る女の子の半ばはプロか確信犯です。われわれはずっと店にいたわけではないけれど、おそらく深夜になると、プロ以外に素人の女の子も宿泊所のかわりに使うのでしょう。

お客さんが来るとお店が、「お客様、お気に入りの女性はいましたか？」と聞く。そこで指名するとその女性が席に来る。お店の壁には「ここは健全な会話を楽しむ喫茶店です」と書いた紙が貼ってある。「決して一度会っただけで、行為に及ぶようなことはしないでください」なんて書いてある。申し訳にすぎません。女の子は「外に飲みに行こうよ」と男性を誘うのですから。

「ああ、いいね。飲みに行こうか」

「お小遣い、いくらくれるかな？」

これが初対面での会話ですよ。

こんなプロの場所に素人の子が深夜に来れば、それは巻き込まれますよ。

杉田　それはそうでしょうね、確実に。

小川　未成年もそこに来ている。だからこそ前川さんが「貧困調査」と言い訳したのが、私には許せない。本当に「調査」が必要なのかです。実際は法的保護や、法的規制が必要な施設なんですよ。それを自分の嗜好のために使って、言い訳が「貧困調査」とは、いくら何でも……。

杉田　それがまかり通るっていうのが、世の中、本当におかしくなってるなっていうところですよね。しかも、もしかすると堂々と児童買春をやっていたかもしれない人が、知識人づらして、いろいろなところでコメントをしているということ自体、ほんっとうに信じられないです。

小川　私も前川問題は、いまからでもけじめをつけるべきだと強く主張したい。

前川さんは、安倍政権の次官ですから、当然、政権の任命責任にもなるわけですが、それでも逃げるべきではない。あまりにも品性下劣な話だから、国会の品位を汚すということで、質疑もしたくないかもしれない。でも私はいまからでも、すべきだと思う。

海外からも悪用される

杉田　AV出演強要問題も、いろいろなところで書いたり、調査したりしているんですね。でも、結局、実態がない。裁判をやっているケースもあるので私もゼロとはいいませんが、何をすれば強要で、どれくらいが実際に被害に遭っているのか？　そんなにはないんだと思いますよ。

というのもいまのAVの世界は、どんなにキレイな子が「私、なりたい」といったところで、なかなか狭き門なんですよ。わざわざ強要させてまで出演させるようなバカなマネは業者もしないわけです。

これは業者の方から直接聞いた話なんですけど、借金がある女の子が「次もお願いします、次もお願いします」って、何本もＡＶに出て、借金も返して引退した。で、その後に付き合った彼氏にＡＶ出演がバレて、とっさについたウソが「強要されていた」ということ。彼氏が「それはダメだろう」といって弁護士を連れてくる。それがたとえばあのヒューマンライツナウだった……。

そうやって結局、「強要されました」という形になっているわけです。

従軍慰安婦と、やってるバックが一緒なんです。メンバーが一緒なので、私はうさんくさいと思っています。

「これは近い将来、日本にはＡＶ女優という性奴隷がいるといわれかねないぞ、国連から勧告を受けるぞ」といっていたら、予言的中じゃないですけど、挺対協（編集部註／韓国挺身隊問題対策協議会）などと一緒になって、日本でシンポジウムを開いてるんですよ。「語り始めた被害者たち、日本軍性奴隷、ＡＶ女優、ＪＫビジネス」――って。ああ来たな、私が思った通りだな、と。

で、さっきお話したように、内閣府も予算をつけて「ＡＶ強要被害防止月間」をやろうとしているんです。こんなことをやってしまうと、対外的にどうなるのか。

現代の性奴隷AV女優——未だに日本には性奴隷がいるんだから、昔は当然、いたよね、慰安婦は性奴隷だよね、と。海外からも悪用されますよ。

内閣委員会の理事にベテランの女性議員さんがいらっしゃるのですが。彼女が「あなたの話、初めて聞いたわ」とおっしゃるんです。自民党の女性議員からは、「それは可哀想だ」「これはなんとかしなくては」という意見しかなかったけど、あなたみたいに「とんでもない」っていう女性議員は初めて見たって。

小川　でも、みんなが知らないなら……。

杉田　そういうこともあるだろうって思いますよね。ですからそれだけでも、私が自民党に入った意味もあったのかな、って思います。

小川　それはとても大きいことです。杉田さんの着眼がなければ慰安婦問題と現在の反日フェミニズムの関連はさすがに指摘する人がいなかったのではないですか。

女性の活躍の場をつくるには、いかに先輩の女性が頑張ったか

小川　結局、女性の進出が社会的な進歩だというのは、幻想なのです。先ほどお話ししたよ

うに人類の文明は男性原理、男性脳がつくった。それをなぜ女性がそんなに模倣しなければならないのか？　根本的なところでもっと女性に自信を持ってほしい。逆に男にも家事をする権利があるという本を私が５００ページも書くようなもので、そんなことをしたらみんな笑うでしょう？

杉田　もちろん、ある一定数はいてもいいと思うんです。でも、みんながやらなくちゃならないっていうのはおかしいですよね。女性にしても、私は働きたいんだから、家事はアナタがやってくれって、それを男に押しつける女性がいてもいいけれど、みんながそうしろというのはおかしい。

小川　一定数いるのは当然だし、杉田さんもそう。うちの家内も外で仕事をしています。社会にあってそこに女性の道を開いていく。それは素晴らしいことです。女性の感覚で経営をして、男性とは違うものができるなら、なお素晴らしい。でもそれをイデオロギーにして、数値目標にしてしまうというのはとても理解できない。

杉田　とあるインターネットテレビに出たときに、司会者が、女性の意見も活かされる社会にするためには、国会議員の半分を女性にしなければいけないっておっしゃった（笑）。私も女性の国会議員は増えてもいいと思うんですよ。まずはなりたい人が増えて、実力がそれに値するということで選んでいただける。そういう形で増えていくならね。

でも、それは数値目標では実現できないと思う。子供が大きくなったらイチローみたいになろうとか、カズみたいになろうとかがあるから、野球を頑張ろう、サッカーを頑張ろうという気持ちになるわけです。でも、いま、政治家って歌舞伎の世界みたいに二世三世って本当に多いんですね。そういうなかで女性議員だけじゃなくて二世以外の男性議員も増やしていかなくてはいけないと思う。

じゃあどうすればいいかっていうと、安倍さんを見ていて格好いいな、と。ぼくは総理大臣になるんだって卒業文集に書くような男の子が出てきて。あるいは女性政治家を見て格好いいなって感じた女の子が、私も政治家になりたいなって思う。そういう子供がたくさん出てくることが大切で、決して数値目標ではない。

私自身の体験でいえば、20歳の大学生のときに土井たか子さんを見て、すごいなあと思った記憶があります。並み居る男性の、すごく権威のあるおじさん議員を前にして、スパーン、スパーンとものをいうじゃないですか。なんて格好いいんだろうって思ったんです。大学で鳥取にいたとき、当時の海部《かいふ》俊樹《としき》総理が来たときよりも、野党の土井たか子さんが来たときのほうが人だかりが多かったんです。やっぱり時代は女性だなと思って。ただ、いま改めて考えると、そのときに土井さんが何を話しているのかはぜんぜん関心がなかったです。そこはすごく反省しているんですけど。

だから中身じゃない。あのスパーン、スパーンと、バシ、バシという姿勢に対する憧《あこが》れというか、こんな女性が日本にもいるんだ、素晴らしいなあって思った。

その遠巻きに鳥取から見ていた土井さんがですね、ある日、私が勤めていた市役所の前で演説をしているんですよ。地元が西宮だから。演説を最後まで聞いて、終わって後片付けをしているときにつつつつつと寄っていって、土井たか子さんに「すみません、お腹をなでていただけませんか？」って話しかけたんです。そうしたら「どうしたの？　お腹痛いの？」っていわれたから、「いや、子供がいるんです」って。「ああそう、元気な赤ちゃん産んでね」って。うちの娘はお腹にいるとき、土井たか子さんになでてもらったんですよ（笑）。

それと物理的に、国会議員になると月曜から金曜まで東京にいなければならない。じゃあどうやって週末だけ地方に帰って、たとえば乳幼児を抱えながら国会議員をやるんですかという話も出てくるわけです。国会議員の働き方改革じゃないですけど、それをやらない限り絶対に女性議員なんか増えない。それをやらないのに数値目標なんかつくって何になるんだろうって。

小川　土井さんの話はいい話だね。彼女の功罪は別にして、人間的な感動とか連続性って大事ですよ。

杉田　結局のところ、私たちがどれだけしっかりと政治をやれるかに関わっているわけです。中山恭子《なかやまきょうこ》先生だって、女性初のエリート・キャリアの官僚で、財務省では何をやっても「女性初！」と騒がれてきました。ものすごいプレッシャーだったと思います。だって、あの人がコケれば、もうあとに続く女性は出ないわけです。

そのプレッシャーのなかで頑張ってくれたからこそ、いまでは財務省でも女性キャリアは珍しくもない。本来の女性の活躍というのは、そういうふうに人が引っ張っていくもの、つくっていくものだと思っています。

女性の活躍の場をつくるには、いかに先輩の女性が頑張ったかですよ。数値目標でも何でもないし、そこを一所懸命にやっていかなくちゃいけない。

日本には２番手をほめる言葉がたくさんある

小川　それからもうひとつ、日本は欧米型の人間観でも、社会構造でもない。日本の場合、男性社会に対して女性が戦いながら食い込んでいく必要がもともとないわけです。もちろんそういう面もありますよ。男側のメンツがすごく強い、女性蔑視もあったでしょう。これは男から見れば、縄張りを荒らされるという感覚だったんだよ。しかし欧米のように、元々の人間観が、戦って何かを勝ち取るというものではありません。女性としてきちんとしたあり方を示すことと仕事を両立させることで、男性を含めて人望が集まる。

杉田　そうです。

小川　日本社会では男性も同じで、強烈なボスや戦闘的なタイプは、日本人は好きではないですよ。下座につける人、他者と協調できる人がいつの間にか求心力になるというのが、日本のリーダー像ですね。それはまさに、男性のなかにある女性性なんですよ。

杉田　ああ、そうですね。

小川　女性性を持った男性のほうが長持ちするというのが日本の民族性ですから。女性もそうで、中山恭子さんもその典型ですし、杉田さんもそうだと思います。

で、一方いつも絶叫して「戦っていますよ！」とアピールするのは――福島さんや辻元さんですが（笑）――男性からの共感も、同性からの尊敬や憧れも生まないんじゃない？

杉田　小川さんがおっしゃったことがすごく重要で、大多数の女性は男性と肩を並べて同じことをしたいとは思っていないんですよ。そこが論点なのではなくて、自分の立ち位置に応じた自分の役割を果たすということに、社会人としての存在意義を感じる女性がほとんどだと思うんです。日本社会は非常に上手くできていて、たとえば男性を立てるということを、女性としての役割のひとつだと思っている人がいるのであれば、それもまた女性として生きる喜びなんですよ。前にもいいましたが、実際、管理職になりたいかというアンケートを取れば８割の女性がなりたくない、サポート役でいいと答えます。いってみれば、生徒会長は男性だけれども、副生徒会長は女性、みたいなところが……。

小川　実感とか体験としてわかりますね。

杉田　これもね、それでもいいよっていう女性が多いというだけの話であって、欧米型の何が何でも男女平等、ジェンダーフリーというもののほうが、どちらかというと日本人女性は受け入れ難《がた》いと思っているのではないか、と。だからいつまで経ってもいわゆるジェンダーギャップは埋まらないわけですが、でも、それで女性が幸せならいいんじゃないの、これが日本のあり方だからということを、私はもっともっといいたいんですよ。

小川　それは要するにロール、つまり役割の問題でしょう。そこを強制することは、それこそ差別的な人間観であるわけですよ。

杉田　そうですね。

小川　リーダーシップを取る役割の人間が偉くて、それをサポートする役割の人間は従属しているというのが、そもそもおかしな人間観です。実際、社会においてはトップを張るのとマネジメントをするのと、どちらが欠けても成り立たない。上下ではない、役割です。

男を押しのけて女性が上に立ったほうがストレスがなくて楽だけど、本当は我慢しているという方は、どうぞ存分に出張ったらいい。だけどそんな人、ほとんど……。

杉田　見たことがない（笑）。

小川　蓮舫さんなんて一所懸命突っ張っているけれど、私は本当は夫唱婦随《ふしょうふずい》的な可愛らしさが本領のようで、戦う女を演じているようないまの姿は、無理をしているように見えますけどね。

杉田　蓮舫さんの「2番じゃダメなんですか？」じゃないけれど、日本には2番手をほめる言葉がたくさんあるんです。たぶん海外にはあまりないと思います。いぶし銀って、金じゃなくていぶし「銀」でしょう？　そういう2番手をほめる言葉がちゃんとあるということは、いま小川さんがおっしゃったように、そういう役割がじつはすごく大切なのだということを、日本人がわかっているということだと思うんです。

小川　内助の功。縁の下の力持ち。

杉田　そうそう。

小川　しかも、そういう人たちのほうが実は偉いという感覚を、日本人は持っているわけ。縁の下の力持ちというときには、表に出ている人よりその人のほうが偉いという感覚で語っているんです。負けるが勝ちじゃないけれど、そういう感覚と男女関係は根深く関係している。

杉田　ありますね。男性のなかの女性性ということも本当にあって、新選組だって近藤《こんどう》勇《いさみ》はドンと構えているだけでいい。実際には土方歳三《ひじかたとしぞう》がいなければ成り立たなかった。ここのところですよ。だから番頭さんがどれだけ大事か、ということでしょう？

女性性って、じつは強さということ

小川　まさにそれ。いま、番頭っておっしゃったでしょう？

杉田　はい。

小川　いろいろなところで話してきたのですが、最近の日本の危惧《きぐ》は、この伝統的な知恵である番頭を大切にする文化を忘れているから、番頭が育たないということなんだ、と。

杉田　ああ、そうです。みんな1番になりたい。

小川　1番になりたい人ばかりが出てくる。さっき蓮舫さんは無理をしているのではないかといいましたが、何か一番手、主役、表の顔になれなれという社会的圧力がある。特に女性に対して。

杉田　ええ、ええ。

小川　でもさっきの新選組と同じように、清水次郎長《しみずのじろちょう》だって大政小政《おおまさこまさ》、番頭でもっている。日本の組織は、番頭の実力で決まるわけです。逆に上があまりにも強烈だと、たとえばスターリンや毛沢東に番頭がどうだとか、ないでしょう？　ナンバー2は次から次へと首を切ってしまう。

杉田　そう。

小川　彼らは自分に忠実な、足でも舐《な》めるようなヤツを使うわけですから。すると、この番頭というものを復活させるということと、日本における女性性をどうやって復活させるのか、そこがすごく大切ですね。女性性って、じつは強さということですから。

杉田　そうです、強いんです。私はいつも「したたかさとしなやかさ」というのですが、折れないんですよ。ポキンと折れればそれで終わりですが、柳の枝じゃないけど折れない。それが女性のしなやかさだと思うし、ちょっと汚い言葉でいえばしたたかさなのかもしれません。それがいちばん強いと思っているんですよ。

小川　日本の歴史のなかで、男性性の象徴は武士です。戦国時代から江戸にかけてですが、とりわけ江戸時代に特徴的なのは、武士が持っている建前としての強さに対して、実際には男性性の弱さに対する感覚が女性にはすごくあるんです。男性性のポキッという折れやすさ。それを女性がわかっていて、そのうえで男を立ててるんですよね。これがね、男なんか所詮折れるものだからっていってしまえば、それで終わりなんです、女も男も。「殿方《とのがた》を絶対に立てます」といったときには、女性である私は劣っていて殿方はすごいという意味では全然ないんだよ。

杉田　そうそう。男って、女の手のひらでコロンと（笑）。

小川　そういう弱さ、他愛なさがある。だから支えてやらないともたない。男にそういう弱さがあるからこそ私たち女は下に立つという。欧米流のデジタルな論理――だれかが1番でだれかが2番で、この順番は変わりませんからあなたは2番に甘んじなさいという社会とは根本的に違う。どちらが上か下かではなく、常にロールが連関し、循環している。そこにこそ日本の持ち味があるわけだし、人生の味もある。それが日本の強さだったと思います。

杉田　この間も裁量労働制の問題で国会が止まっていましたが、そのときに過労死がどうだとかいってウソ泣きしながらしゃべっている人もいましたけど。

小川　あれ、男のなかの女性性なの？（笑）

杉田　いや、あの方は演劇部だったらしいですよ（笑）。なので、「ホントに泣いているの？」って思いながら見ていましたけど。でも、本当にポキッていくんだと思いますよ、男性は。女性の場合はどこか、仕事なんかで死ねるかって思っているところもあるんじゃないかな。それより失恋したときのほうがもっとツラいとかね。それは脳の構造の違いがあると私は思っているので、だから男性と女性のどちらがすぐれているのかという問題ではなくて、感覚的な違いだと思うんですね。

もちろん家庭環境とか、そういう違いもすごくあると思っていて、男性がリストラされたとして、家族にどう説明しようとか、このままでは家族が養えないとか思い詰めたときに、それならば自殺して生命保険を家族に、みたいな感じになったりする。でもそこで奥さんが、「別に辞めてもいいよ、自分のしたいことをやったら？」っていってくれれば、少なくとも自殺まではしないと思うんです。早めにそういうサインを受け取って、「何かしんどいことがあるんじゃないの？」「もうそんな会社は辞めたら？」「私がちょっと働くから、その間に新しい仕事を選べばいい」っていってくれる奥さんならね。

男性がポキッといきやすいっていうのはその通りだと思うんですけど、男性と女性の役割分担と補完というのは、そのためにあると思うんですね。逆に「どうしてくれる？　仕事を辞めたらどうやって食べていくの？」なんて毎日責められたら、それはもう死にたくもなるだろうし。

小川　「弁護士に相談するわ」なんていわれたらね。

杉田　そう。

小川　結婚してから何年だから、離婚すればいくら請求できるとかいわれてね、「辞めるんだったら、その覚悟はあるわよね？」なんてやられたらね。ただそうなると今度は、人生とは何ぞやみたいな話になってしまう。

杉田　そうですね。

小川　政策とか国家といっても、国民ひとりひとりの人生観を抜きにして、保守もリベラルもない。日本人ひとりひとりに対し、どういう人生が幸せなのかという問いがなければ、政治なんてないんですよね。

杉田　だからこそ、「本当はどうなの？」っていうところをすごく問いたいんです。ジェンダーフリーだっていっても、旦那が「ずっと一生家にいて、家を守ってくれたらいいよ」っていってくれたら、そっちのほうが幸せかもしれない。いえ、もちろんウチの旦那がそういわないわけじゃないですよ（笑）。

小川　ですよね。

杉田　私は勝手にやっているだけの話だからいいんだけど。でも最近の日本だって、「壁ドン」とかが流行《はや》るわけじゃないですか。女の子は壁ドンされたいわけですよ。

渡辺　そうそう。

杉田　イケメンに限るけど、壁ドンされたいわけでしょ。何で壁ドンされたいのっていったら、強い力で守られたいからです。そういう女の子の心理っていうのは、法律を変えようが、数値目標をつくろうが、変わらないわけです。

小川　むしろそっちのほうが大事なんだよね。

杉田　そういう普遍的《ふへんてき》な部分をいっているんです。どんな男女平等の法律をつくろうが、男女共同参画しようが、それで数値目標を定めようが、女性活躍法案をつくろうが、女の子は壁ドンされたいんですよ。その本音の部分をもう1回、見ましょうよって。「俺が一生守ってやるよ」「俺が一生食わせてやるよ」っていわれたら、そのほうが「嬉《うれ》しい」女子のほうが多いでしょう？

小川　それは圧倒的に多いですよ。私の記憶する限り、つきあった女性でそうじゃなかった人はひとりもいなかったな。なにしろ私は純文学という、まったく食えない時代錯誤《さくご》の志にひたすら邁進していたから、「食わせてやる」なんていえたことがありませんでした。でも気配として、その台詞《せりふ》をいってほしくない女性はキャリア組も含めてひとりもいなかったな。

女性のなかにあるそういう感覚はすごく強いものだし、それを大切にしないで何が女性を大切にしているんでしょうか。イデオロギーの犠牲をこれ以上、増やさないでほしいものです。

そろそろ「足るを知る」という時期に来ている

杉田　私が大学を卒業したときにはバブル景気でしたが、当時はまだけっこう女性に対する差別はありました。私は女子寮に住んでいたのですが、男子寮には山のように会社の案内書が届くんです。でも女子寮にはまったく届かない。とくに私の学部は理科系だったので、会社に電話すると「ウチは研究職や技術職の女性は採っていません！」って切られちゃう。「ウチは総合職では女性は採らないです」とかね。なかには、「お客様に対して、そういう重要な部署に女性を置くような会社だと思われたら困る。それが嫌だったら、試験を受けるのやめていますぐ帰ってください」とかいうケースもありました。

そういう時代を経験しているので、日本に男女による職業差別がまったくなかったかといったら、そうは思いません。でも、いまはもうそんなことはないでしょう？　そろそろ「足《た》るを知る」という時期に来ていると思っているんです。未だに女性差別だとかいっている人には、「ちょっと待て！」と。だっていまは、女性のみ、男性のみの公募はできないんです。この間、神社関係の人からいわれたんです。「巫女《みこ》さんを公募したいのに、女性のみって書けないいんです」って（笑）。

小川　銀座のホステスとかはどうなの？（笑）

杉田　それも男女問わずじゃないですか？

小川　私も試《ため》しに応募してみましょうか？　でも系列店のおかまバーに割り振られたら困るな（笑）。

それはともかく、不正を是正していくということは、いつの世でも必要です。一方、そういう平等を求めすぎないのも大事なことです。たとえば私は文学部出身ですが、文学部と工学部の就職状況はどんな時代でも違うんです。あるいは文学部のなかでも、英文科と哲学科では違う。

杉田　そうですね。

小川　神学部に至っては就職ではたいへんな目に遭う（笑）。だからといって、神学部差別だといわれても困るでしょう？　もちろん固定的で非合理な差別は是正されるべきだけれど、自ずから生じる男女差や女性の希望、男性の希望を社会が反映しなければ、むしろ不自然だと思いますね。

杉田　その通り。

小川　比較的能力や学歴がある女性でも、終身でキャリアを望みたくない人のほうが多いんです、少なくとも私自身が接しているなかでは。

杉田　私も自分が就職して仕事をすることよりも重きを置いたのは、結婚して子供を産みたいということでした。私はいつも自分たちは「最後の世代」だと思っています。

結婚はするものだし、子供は産むものだと思っていた最後の世代。進学に関して塾に通わなくても学校の勉強さえしていれば国公立は受かるといわれていた最後の世代。貧困には関係なく勉強ができる子は大学まで行けた最後の世代……。一生、仕事をやり遂《と》げるよりは、好きな人がいれば結婚もしたいし、せっかく女に生まれてきたんだから子供も産んでみたいし、という……。

小川　最後というまでもなく、いまでも主流はそうですよ。

杉田　そうかもしれないけれど、そういうことを大っぴらにいえた最後の世代なのかなあって。ちょっと上の女性たちがキャリアウーマンとして男社会に乗り込んで、男女雇用機会均等法でバリバリ仕事をして、女性性さえなくして結婚もしないで出世に賭けた。そういう女性たちがボロボロになっている姿を下から見ながら、あれはどうなのかなあって感じていた世代でもあるし。

小川　そうねえ……だから少数派ですよね。

杉田　少数派ですよね。

小川　日本ではいま、少数派のほうが圧倒的に声が大きいです。

杉田　私はある意味でね、田嶋陽子《たじまようこ》さんのことが好きですよ。あのくらい尖《とが》ったことをいってくれる人がいたから、私たちの時代ではとんでもないとされていたことが、いまでは普通になったっていうこともありますからね。

女性が差別もなくいろいろな職種に就職できて、活躍もできるようになってきた。あるいは管理職も増えてきたというのは、一面では田島陽子さんのおかげということはすごくあると思う。

でも本当に「足るを知る」という時代に来ていると感じたのは、この間、自衛隊の話を聞いて思ったんです。これからの課題は女性の活躍ですっておっしゃって、何がしたいかというと潜水艦への配備だと。あるいは戦闘機へ女性を配備したい、と。

私は江田島などにも何回か見学に行っていますから、護衛艦に女性艦長が誕生していることも知っています。でも、潜水艦だけは配備が難しいと説明を受けました。だってあんな狭い居住空間に数か月、男女が乗り続けるのは無理です、と。それなのに先日の部会では、どうすれば潜水艦に女性を乗せられるかを検討中ですとおっしゃるので、「それはちょっとおかしいと思います」と。

戦闘機にしても、マッハで飛んで急旋回をしたりするので、ものすごい重力や圧力がかかります。それだけの重力や圧力のなかで、子供を産めなくなったらどうするのか。これは差別ではなく、あくまでも男と女の体力差であり、体のつくりの違いの話だと思うんです。

ですから、女性が働きやすい社会や環境になったのはいいのですけれど、これをさらに進めていくと女性の酷使《こくし》というか、女性の幸せとは真逆《まぎゃく》の方向に行きますよね。

小川　それは、逆に殺人行為になりかねない。

杉田　おそらく少数はいると思うんです。パイロットになりたくて、あるいは潜水艦に乗りたくて、でも女だというだけの理由で落とされるのは嫌だという女性も。でも、そういう少数の意見を多数にしてはいけない。

小川　全部その問題に帰着しますねえ。

杉田　歴史的に見れば、育休をきちんと取るとか、そういう女性の権利についてはほとんどが公務員から始まっていますよね。

私自身、最初は一般企業のものすごく厳しいところに就職しました。労働組合もないようなところです。でも、たぶんここにいたら結婚もできないし子供も産めないと思って、転職したのが役所でした。役所には労働組合があって、女性も守られていて、これはすごいなと思った半面、違うことで驚かされました。

女性職員の半分は、出世なんかしたくないし、年金をもらえる歳になったら辞めようっていうんです。係長、課長、部長と昇級しなくても、最終的には1000万円プレイヤーになれるわけですから。

小川　公務員って、すごいよね。

杉田　だったらヒラで窓口だけやっていればいい。出世なんかしたくないっていう女性が50パーセント。これはこれでものすごく驚きました。

ですから、女性の権利を訴えて先陣をきっていくのも公務員側なら、そんなに働かなくても、それだけの収入が得られれば別にいいわって思っている人も公務員。ほぼ半分半分で、ふたつのパターンの人がいたんですね。それは考えさせられました。こっちも本音だろうし、あっちも本音だろうし。環境さえ整えられれば、両方の考え方があっていいんだと思うんです。

第6章

日本をむしばむものたち

科研費はとても大きな問題

杉田　私、国政に復帰したときに委員会の希望が通って、内閣と外務になったんですね。内閣は所管事項が広くて何でも質問できるので、どの分野でもやりやすくて。

前はほぼずっと内閣委員会にいたんですよ。落選中の3年間、従軍慰安婦問題をやってきたので、外務と思ったんですけど、入ってから文科にしておけばよかった、文科もツッコミどころが満載だと。

従軍慰安婦問題、徴用工問題、じつはそういう研究分野——日本に対する反対派のところに、文部科学省の研究費が出されているんです。

これが科研費（科学研究費補助金）で、とても大きな問題です（編集部註／杉田議員が衆院予算委員会分科会で、文部科学省と同省所管の独立行政法人「日本学術振興会」が交付する科学研究費助成事業科研費の審査のあり方を取りあげた。杉田氏は、「科研費で研究を行う研究者たちが韓国の人たちと手を組んでプロパガンダを行っている」と指摘。外務省が歴史問題の発信に前向きななかで「文科省が後ろから弾を撃っている構図のようなものではないか」とただしている）。

「産經新聞」がスッパ抜きましたが、けっこうな額、何億何千万円というお金を研究室や教授に出しているんです。

おかしいじゃないですか。

小川　あれは杉田さんが問題を提出した途端に、ボロボロと出てきましたね。翌日からツイッターなどで。

杉田　これまで左翼系の研究補助費は中国系から出ているではないかということで、だれも追求できなかったんです。

でも、たとえば一例を挙げると、科研費については法政大学の山口二郎《やまぐちじろう》教授を代表とする研究チームに4億5000万円出ています。

小川　え、4億5000万円？

杉田　4億5000万円、科研費から出ているんです。もちろん国の税金です。

小川　数年にわたったとしても、高額ですね。審査はどうなっているのですか。

杉田　審査がすごくザルなんです。たとえば「建物の構造を調べるため」というような申請書を出したとします。それで最終的に提出されるのは、戦時中の慰安婦がどうしたというようなデータだったり……なかにはとんでもない研究もたくさんあります。

それがなかなかわからなかったのは、科研費のデータベースには85万件もあります。「慰安婦」と入力するとダーッと出てくる。「徴用工」と入力してもダーッと出てくる。

小川 それがみんな科研費で、ですか？ 学問の客観性を自由社会の政府は守らねばなりません。だから、真実の追求であれば、反日親日以前に、厳正な審査によって学問的自由は保障されるべきだと私は思います。しかし「慰安婦」や「徴用工」がデータベースで大量に検出されるとなると、学問の聖域性を悪用している可能性が高い。そうだとすれば大問題ですね。

杉田 大問題。中国からのお金ではなくて、日本政府から出ていた可能性があるなんて。金額も、自然科学の分野ならまだわかります。こんな装置が必要です、こんな測定をしなければなりません、この実験にこれくらいお金がかかります、それならわかるのですが、文化系の研究で4億5000万円って、何に使うのでしょうか？

小川 今後はどう追及できるんですか？ 4億5000万円は大変な高額ですからね。山口さんが個人として一定程度、自由にできるという意味ですか。そうでなくて研究全体への国の投資なの？

山口二郎を代表者とする科研費

研究課題	代表者	期限	交付額
グローバリゼーション時代におけるガバナンスの変容に関する比較研究	山口二郎 北大大学院教授	2002～2006	4億4,577万円
市民社会民主主義の理念と政策に関する総合的考察	山口二郎 北大大学院教授	2007～2011	9,854万円
政権交代の比較研究と民主主義の可能性に関する考察	山口二郎 法政大学教授	2012～2017	4,498万円

＊上記については次のサイトを参照。https://nrid.nii.ac.jp/ja/nrid/1000070143352/

杉田　私もいまそれを調べていて、どういう審査が行われているのかということも含めてやっています。そしたらそれだけで左翼から、「学問の自由を封じる気か」みたいな感じでいわれて（編集部註／科研費問題について山口氏本人は「東京新聞」のコラムにおいて、「交付された補助金は大学の事務局が管理して、各種会計規則に従って、国際会議の開催、世論調査、ポスドクといわれる若手研究者雇用などに使われる」と反論している。つまり、山口氏個人が介在する余地はない、との主張である）。

支払われているのは私たちの税金

杉田　それと、よくテレビに出ている韓国人女性の金慶珠《キムキョンジュ》さん。あの人も数千万円を受け取っています。

小川　その科研費はどこが決裁する予算なんですか？

杉田　文科、文部科学省です。

小川　すると国会マターですね。

杉田　そうです。森友学園であれほど騒ぐのなら、科研費だってもっと騒げ、という話なんです。

小川　いや、森友なんてゼロ円ですから。昭恵さんも総理も含めて、お金は動いていないんですから。

杉田　そうですよ。支払われているのは私たちの税金ですよ、税金。

しかも、徐勝《ソスン》さん（編集部註／立命館大学特任教授。立命館大学コリア研究センター研究顧問、靖国反対共同行動韓国委員会共同代表）という、いわくつきの教授にまでお金が渡ってるんです。

この方は韓国では北朝鮮のスパイということで、一審が死刑判決、二審が無期懲役になっています。なぜそんな人が日本に来て、しかも立命館大学で教授をしていられるのか、よくわかりません。主張にしても、無茶苦茶なことばかりです。そんな人物にまで、２８００万円ほどお金が渡っています。彼は韓国の民族研究所と一緒になって、軍艦島などの問題をやっています。

科研費という国の技術研究費が、ものすごく反日的な人たちのもとへ支払われていた。これは「産経新聞」が出してきた問題です。

じゃあ、だれがこれを審査しているんですか、だれがこの研究室にいくらと、お金を決定しているんですか、その名簿を公開してくださいという質問をしたのがひとつ。

小川　どう答えたんですか？

杉田　配り終えたあとで公開しています、と。林芳正《はやしよしまさ》大臣の答弁によれば、偏っていないということなんですね。

それからもうひとつ、孔子学院（編集部註／中国共産党傘下のプロパガンダ機関。中国共産党の指示の下、海外の教育機関と提携し、中国語や「中国文化」の教育及び宣伝、中華人民共和国との友好関係醸成《じょうせい》を目的に設立した機関である）についての問題もあります。これも日本ではどこも管轄《かんかつ》していないということが、私の質問で明らかになりました。おかしいでしょう？

学問は自由にやればいい

杉田　科研費ですが、文科省や会計検査院にいろいろとお話をうかがいました。まず、文科省はノータッチです。ぜんぶ大学がやっているので、責任を取るのも追及されるのも大学なのです。ですから、大学に対して開示請求はできます。ただ、それを私がやると政治介入といわれてしまいますから、できない。そこが左翼との違いで、私のジレンマになっているところです。

小川　私がこの問題についてどう思うかというと、まず大きな前提として、学術に対してはフリーでなければいけない。

杉田　そうです。

小川　フリーな学術に対しては、十分に資金提供をするということがひとつ。次にだれもが公正にその状況を監視できなければならない。そういう土俵がないところで学問とプロパガンダの境界性が非常にあいまいになっている。

そういうなかで、たとえば山口さんの科研費について、杉田さんが「これは何か胡散《うさん》臭いのでは」と気づいたということですね。

これは杉田さんと足立康史《あだちやすし》さんの間で面倒な議論になっているようで、私は多忙で議論の詳細についてジャッジはできません。

だから前提的な議論を確認します。日本の文系アカデミズム全体が、「科学的真理」の名のもとに政治的プロパガンダを遂行するマルクス主義の強烈な影響下に戦後置かれ続けた、この認識をまずきちんと持たないといけない。いまはさすがにマルクス主義を資本主義の分析の箇所や哲学的ヴィジョンとして評価する人はいても、これをまるまる「科学的真理」だなどと主張する人はわずかでしょう。しかし戦後は中道の学者言論人まで含めて、マルクス主義＝科学的真理という教義とそのヴァリエーションが圧倒的に浸透していた。いまでも、学問＝科学的真理という前提を信じ切った制度設計や社会的信用が至るところに見られます。

だから大学から正規の申請ルートで申請されたら、それを反日とか親日で色分けして政治家が問題にするのはおかしいという話になるのかもしれません。確かにセンシティブな問題です。もし日本の文系アカデミズムが政治的見解の多様性を寛容に受け入れ、それぞれの研究者や言論人が自己を相対化する成熟したアカデミズムの累積があったなら、政治家がいまさら声を上げる必要はない。しかし、現実にはそんな成熟した自由な空間は日本の文系学問には存在しません。そういう前提が嘘なんだよ。

そして急激なねじれが生じている。旧来権威だった岩波・朝日系の学術書はいまでも大学人のなかでは権威だが、一般読者、若いネット層からは嫌気されている。そしてこの本の版元である青林堂さんもそうですが、保守系の政治・歴史本が大量に出て、歴史政治関係の書店流通の主流になっている。「ネトウヨ」と馬鹿にされても増殖が止まらない。

確かにいまの「保守本」は、学問的訓練、厳密さに欠けた書き手がまだ主流かもしれない。でも、今のアカデミズムが細部の真理で大きな嘘を語っているのに比べ、素人談義かもしれないけど、細部に拘泥《こうでい》せず全体としては正しい議論をしていると感じる人が多いから保守派の書籍が支持されているのですよね。

私がなんでこんな話を持ちだしたかといえば、いまなぜ杉田水脈はこの問題を問うているのかという根本は、戦後アカデミズムの胡散臭さにあるからなんだよ。

杉田さんは自民党議員で、私も安倍総理に近いといわれている。私たちは客観・中立な人間ではありません。われわれも含め、それぞれの人間が、自分も政治空間に拘束されているのだという自覚を持つことが大事なのです。

ところが左派文系アカデミズム主流派は、「私たちだけがニュートラルで正しい」と称して、異端者を排除し、人事利権や大学の地位や名誉名声を独占してきた。この戦後アカデミズムの腐敗を、科研費問題は炙りだす端緒となるかもしれない。

だから科研費の問題も、2段構えが必要だと思う。つまり学術研究は政治的立場を超えて、もっと国がお金を出すべきだ、と。そういうことを縮小する方向の議論はするつもりはありません、と。

杉田　私もそれはないです。

小川　そういうことを明確にいい続けて、なおかつ問題点を議論すべきです。

杉田　反日の研究でも私はいいと思うんです。政府の見解に合う合わないは関係なく、学問は自由にやればいい。それは私も、いつもいっています。

テーマは従軍慰安婦でも徴用工でもいいんですよ。その結果、新しい資料が見つかって、本当に強制連行はあったんだ、これはもう動かぬ事実なんだという証拠を出されたなら、私も「ごめんなさい」って素直に謝ります。

小川　あなたはそういう人だよ、それはわかるよ。だから非常に誤解されているんだよ。結局、いちばん面倒なところでまず声を上げようというのが杉田さんだから。

杉田　ただし、慰安婦は強制連行だったという結論ありきで、それに対して自分の思いを述べるだけのものを学術成果といえるのか。徴用工にしても強制連行されてきた人たちだということを、自分の思いのみで理由づけをしていく。私もいろいろな論文を読みましたが、最初から慰安婦は性奴隷だったと位置づけて、そこから自分の思いを述べているだけなんです。

そういう手法ではなく、性奴隷だったかもしれないけれど、日本政府はそうではなかったといっている。そこで研究をしていったところ、性奴隷だった証拠が見つかったというのなら、それは研究の成果だと思いますよ。

小川　うん、そう思う。で、実際のお金の流れ自体はどうなの？

杉田　それは、領収書まで開示ができるという話を聞いたので、本当にやりたいと思っています。

たとえば大阪大学の牟田和恵教授を代表とする研究チームが、１７５５万円をもらっています。

彼女は『慰安婦問題は#MeTooだ！』という動画をつくっていますが、ただ韓国ソウルの水曜デモを延々と流しているだけで、あの挺対協の尹美香代表のインタビューも含まれています。「産経新聞」が阪大に問い合わせたそうです。「これは何だ？」と。すると「それは科研費は使っていない」というんです。

その動画をつくるのはフリーソフトを使いましたと書いてあるので、確かにビデオ制作に直接かかった費用は、もしかするとゼロ円かもしれません。

でも韓国に取材に行った旅費だとか、韓国語を日本語に翻訳した人への謝礼だとかは、領収書の流れを追えばわかるはずです。

小川　うん、うん。

杉田　この件とは別ですが、彼女たちのシンポジウムのチラシを見ても、それが科研費で開催された疑いはぬぐいきれません。実際、そこにつながる反日集団の名前もあります。動画を見るとこの人たちは、「打倒安倍」といっています。

いずれにせよ、領収書さえ開示されれば、科研費のお金が活動家に渡っているということが明白になる可能性があるわけです。いまはまだ、その領収書がないんです。もしかしたら無料で来てもらっているのかもしれませんが。

小川　なるほど。事実だとすれば驚きですね。それだけで不祥事じゃないですか。だから、大きなロジックとしては、杉田さんがいっていることは正しくて、その問題意識を日本社会に広く持たせる必要があると思います。

ただ、お金の流れについては、厳正な開示を請求した上で追及しないと、こちらの落ち度になりますね。だいたい保守派は霞が関の金も政府の何らかの諮問会議のメンバーなども、政治的中立性の観点でしばしば落とされてきました。左は未だに野放しなんだよね。彼らは制度と人事に長年食い込んできています。杉田さんの問題提起を具体的に金の流れの立証に持ち込んでほしいですね。私も余力ができて、十分調べられたら自分でも発信しましょう。

杉田　ありがたいのは、櫻井よしこ先生がこの問題を週刊誌で取り上げて下さったことです。正直なところ、その部分については、私は櫻井先生にお任せをしている部分もあります。

朝日なんです、教養の分野を取っているのは

小川　結局、知識人をどう再生するかが大事なのです。でも、その知識人を左翼に取られているわけ。うちの家内が勉強好きなんです。ゲーテを読もう、ギリシア語を勉強しようなんていうと、朝日カルチャースクールへ通う。教養の分野を取っているのはいまでも依然として朝日なんですよ。朝日カルチャースクールは質が高く安定して幅広く、しかも安い。

杉田　はい。

小川　実際、９割の講座は素晴らしいんですけど、そのなかに津《つ》田《だ》大介《だいすけ》（編集部註／ジャーナリスト。早稲田大学文学学術院教授。自民党不支持の政治スタンスを表明している）さんの講座があったり、山口二郎さんなんかがそっと挿入されている。

　古代ギリシア語もゲーテも『源氏物語』も、最高権威の研究者。そこに津田大介さんがいると、同格に見えてくる。

あ、この人、テレビに出ていた、とこうなる。だからそういう形で知の分野を、左翼プロパガンダに取られているわけ。

杉田　確かに。

小川　この構造を崩すには、杉田さんの科研費の問題にせよ、学問の自由を侵さず、しかしプロパガンダに侵略されてしまっている部分を客観的に明らかにする必要がある。

杉田　そう、やりましょう。

小川　うん。そこで今回はまず、この本で話題にしているわけです。文科省が黙っていられないところまで持っていけたらすごいですよ。

杉田　うん。科研費はやっぱりみんなに見てもらわないと。私、パリに取材に行ったときにびっくりしたのは、その山口二郎氏が講演をやっているわけですよ、わざわざパリで、「安倍許さない集会」をやっているんです。パリで、ですよ。

これね、憲法カフェ。パリで開催されています。オーバーシーズ・パリというところが主催です。

小川　だけど、パリで日本の改憲反対の運動ですか？

杉田　そうなんです。フランスのパリ発で改憲反対の運動をして、パリ在住の方と一緒に安倍ソングも歌います、と。そういう、「?」みたいなことがあるんです。

小川　しかし金の出所はどこですかね。あきれ果てた教授先生ですな。

杉田　どこからそんなお金が出ているのかなと思うでしょう?　もしかしたらこれも科研費から……?

小川　科研費の多くが研究者の人件費だとすると、その人たちが何者かが問われるなあ。そういう企画の同志、子分だったりすると、これは……。

杉田　左はよく知っているの。システムをぜんぶ。ここに行けばこういうお金がもらえるという話は、左はみんな知っている。

小川　お金と情報がぜんぶつながっている。

杉田　そうそう。でも保守はそういうことは知らない。国連でこんな話がされている、こんなイベントがあるということも知らない。

日本は恥の文化がないとダメ

杉田　じつはこれ、生活保護不正受給の話ともすごく似ているんです。

科研費なんて、まさか私欲を肥やすような使い方をするという発想はないわけで、完璧に性善説に立っています。だから研究成果も評価しないし、文科省も丸投げで、あとは大学で責任を持ってやってください、と。そうなると揃えてくる書類も、おそらくは完璧なんだろうと思います。だから、いくらそこを突いたところで何にも出てこない。

小川　なるほどね。

杉田　生活保護も、不正受給はけしからんというけれど、杉田さん、不正受給なんか存在しませんよってよくいわれます。それはよくわかっているんです。だって書類が整って条件も整わないと、生活保護費は出ないんですから。出ている以上、それは不正ではないということなんですよね。

小川　制度のなかに不正や欺瞞《ぎまん》が組み込まれているんだね。

杉田　ホントに。性善説に立っている限り、そこのところは取り締まれないんです。

日本人はもともとはそんなことはせず、たとえ女手ひとつでもきちんと子供は育てるぞと、そうやってみんなが頑張ってきたというのを基準にしているから、偽装離婚してでも生活保護を受けてやる、みたいなことは前提としてないんです。

小川　それね、私はそういうことに疎《うと》いからよくわからないけれど、裕福な人だってその気になって書類を揃えればいろいろな保護を受けられるわけでしょう？　だからここ30年の間にね、日本社会でモラルハザードが起こっているんですよ。そういうことは恥ずかしいという感覚が失われているんです。

杉田　そうそう、日本は恥の文化がないとダメなんです。

小川　それがもともとはあったわけです。でもいまは、申請すればもらえるなら、しなければ損だ、と。書類上はもらえる形が取れるならもらいましょうという人は、たくさんいるのだろうと思いますよ。

だから、日本人全体もそういうことに対する廉恥心《れんちしん》がなくなっているんだけれど、そのなかにさらに外国勢力がたくさん入ってきているという、そういう連鎖《れんさ》だと思う。

そういうことをできる自由を保障しているのが、日本

杉田　さっき小川さんがおっしゃった朝日カルチャースクールのお話、私もその通りだと思っていて、場所は違うんですが、私もフランス語を習いに行って気づいたことがあります。その先生から、こんなことを聞かれたことがあります。

「コーラスクラブに行ったら９条の会の人たちから、来ないかって誘われたんだけど、杉田さんはどう思う？」

「それは、やめておいたほうがいいと思いますね」と、答えましたが、私が説明すれば「すごいなあ、その通りその通り！」といってくれるのですが、でももし９条の会の人たちにいわれたら「そうよね」ってなるかもしれません。

小川　（笑）。いい人でインテリで、政治的に無垢。でも無垢とは、無責任ということでもある。

杉田　私が使っていたフランス語の教科書の目次を見ると「表現の自由」「生地主義」「フランス人、そしてユダヤ人であること」「フランスにおける死刑制度廃止」「フランスの経済学者たち」「ドローン」「食品の浪費」とか……。

小川　ああ、なるほどね。

杉田　「生地主義」っていうのはフランス生地主義なんですけど、フランスで生まれたらフランスの国籍が取れる。フランス語がしゃべれなくても、親が外国人でも、フランスで生まれて最低限５年間フランスで生活すればフランス国民。

小川　血統主義じゃないんだね。

杉田　そう、血統主義じゃないんです。これが生地主義。

そこで、日本の場合についても調べて考えてみてください、と。フロントナショナル＝国民戦線はマリーヌ・ルペン氏が党首を務めていて、生地主義を認めない。これはフランス革命以前のフランスに戻るようなものです、といったことが書かれている。『時事フランス語2017年度版』なのですが、とにかく内容がすごく偏っている。

小川　生地主義ね。日本も血統主義じゃなくて、生地主義にしなさい、と（笑）。

杉田　フランスに行ったときには、ルペン氏には会えなかったけれど、ナンバー2のゴルニッシュ氏には会えたんです。やっぱり日本をお手本にしなければいけない、とおっしゃっていました。血統主義に戻さなければ、母国語も話せないフランス人がゴロゴロ出てきて、それでフランスは嬉しいのか、と。

前に住んでいた国への愛着や思い出まで捨てろとはいわないし、この国に忠誠を尽くします、私の愛国心はこの国にありますといってフランス国民になるのならいい。でも、そういう気持ちがないまま「私はフランス人です」といわれても、フランスは困るというお話をされていました。それなら日本のような血統主義に戻すべきだというのが国民戦線の主張で、別に間違ったことはいっていないんです。

小川　あれですよ、そういうナショナルな場所や価値を重視するというのは、結局は男とは何か、女とは何かという問いかけをすることと同じなんです。男女それぞれの役割をきちんとしましょう、血統をきちんとしましょう、国籍はきちんとしましょう。それをしないと、すべての人にとって「場所」がなくなるんです。

杉田　そうですね。アイデンティティもなくなりますよね。

小川　そう。みんな自由なんだから、私の家は杉田さんの家でもあるし、いつでも来て下さいね、と。みんながそうやって、家に何万人もやってきたらどうなります？　グチャグチャで、全員がノイローゼになりますよ。

私の親しい友人におもしろい男がいて、ほとんど飛行機で暮らしている。世界中何十か国、今日はロシア、明日はトルクメニスタン、それからルワンダに行ってという暮らしをして、世界中でビジネスをやっています。

そこで私は、彼にいつもいうわけです。

「君みたいな生き方はとても素晴らしいし、君のことも大好きだけど、全員が君みたいになっていつでも飛行機で移動していたら、国も成り立たないし農業もできない。食う物も行政もないし、電気も電車も回らない。定住している人間が99パーセントだから、君みたいなことができるんだからね」

そういう生き方の選択ができることや、能力があることはいい。しかし、ロール＝役割をきちんと果たすということは、人類の基本に置いておかないと、社会の崩壊が加速します。

杉田　そうですね。

でも、そういうことをできる自由を保障しているのが、日本なんですよ。そんなことはしてはダメだという法律もないし、やりたい人はやればいい。

今回の対談で何回もいっていますが、女性の国会議員をもっと増やせという話にしても、女性は国会議員に立候補してはいけないという法律もないし、投票権もある。女性も平等に保障されているわけだから、これ以上の法律はつくりようがないですよね。

小川　そうそう。そこに数値目標あるいは数値強制をしたら、逆におかしなことになる。

杉田　逆差別ですよね。というのは、デンマークなどはクオーター制はいっさい入れていないんです。

だからデンマークって意外なことに、ジェンダーギャップ指数では下のほうにいるんですね。でもあの国の考え方は、そんなのものを入れれば女性優遇になってしまって、逆差別になるというものなんです。

「本当はどうなの？」ということを霞が関の人は知らない

杉田　国会の話をすると、維新の会にしても、国会とはみじんのかけらも関係がない「大阪都構想」や「大阪市の特区」の質問ばかりしている。総理は答えていましたが、いち自治体のことに対して総理が国会で答弁するのはどうかなと……。

小川　それをやられてしまうと、「モリ・カケ」も……。

杉田　批判ができなくなっちゃいますよね。

小川　国政の主要案件に国会質疑を絞ってほしいですね。２０１８（平成30）年1月の安倍総理の施政方針演説はきわめて重要なものでした。８割を内政課題に費《つい》やしたのは初めてでしょう。具体的には「人づくり革命」「働き方改革」「地方創生」ですよね。

評価できる面としては、人口激減社会に対応するため、高齢者シフトだった長年の自民党政治から、若者と中小企業にシフトチェンジする内容になっている点でしょう。

大きな流れとして日本をどうデザインするかという点で、評価しています。経済成長をきっちりと堅持していくんだという表明と、人口激減社会にも対応して乗り越えていくという表明。このふたつですね。

一方で大きな問題点がふたつある。ひとつはまず第2次政権の安倍総理は、理念的な言語を極力避けるようになっていましたが、高齢者から若者へと政治をシフトしていきますというのは、哲学として語らない限り国民には届かないでしょう。

安倍政権も、もう5年も経ち、プラグマティックな成果がここまで出た以上、政治哲学を語る本来の安倍晋三にある程度戻るべきではないか。

それからもうひとつは、経産省を軸とした霞が関主導の政策転換は危険だということです。国民の声や地方の声、さっき杉田さんがAVの話をされたけど、「本当はどうなの?」ということを霞が関の人はあまりにも知らない。その知らない人たちが、「俺たちみたいな秀才がこうやると、世の中はよくなる」といって巨額の政策転換の軸になるのは非常に恐ろしい。

だから安倍さんのように実行力のある総理が、政党と国会が弱くなって霞が関と総理周辺だけで政治をやるようになると、その弊害《へいがい》が出てくるんです。今回の左翼色が強い個々の政策においても、許容範囲を超えたものが出てきたと思います

杉田　意外だったのは、そういうことに対しては、部会などではっきりとものをいっている

自民党の先生方が多かったということです。出てきた法案や総理の方針に対しては、何もいわずに従う人が多いのかなと思ったら、けっこう皆さんガンガンおっしゃっていて……。

問題設定そのものが、あまりにも抽象的

小川　そうですか。それをもっと党から官邸に押し返せないものですかね。

働き方改革について、根本の確認をしておきたいのは、安倍総理の演説、少子高齢化——私は人口激減という言葉を使いますが——人口激減社会が確実にそこまで来ている。2050年までに日本の人口は3000万人も減るわけですから大変なことです。しかも高齢者率が10パーセントも上がってしまう。地方の状況を考えたら、多くの市町村を閉じなければいけないことにもなる。それから孤独死の処理まで考えると行政の破綻、国力の疲弊は非常なものだ。それに対処できる親族や家族もどんどん減る。

そういう状況が前提にあって、これは国難だと総理は演説しておられる。

総論として総理が人口激減の問題を内政の最重要課題、国難にすえたことは、非常に評価しています。働き方の非合理を直して、より効率を上げることで、人口減少に対応する。そ

の結果、生産性が上がり、それを補正するために地方創生、地方に拠点をもたらすと。大筋のロジックとしてはいいでしょう。

ところが実際問題としてはどうか。

アベノミクスは金融緩和で成功しました。成長戦略についてはそれほど結果は出ていません。しかし金融緩和と労働政策の組み合わせは、社会主義的です。確かに、日本の労働環境も経済もよくなっていますが、この道をひた走るのは危険ではないか。

外交安全保障は総理主導で劇的によくなりました。

金融と外交、安全保障は、総理が直接、相当な影響力を持てる。

ところが地方創生やら労働改革というのは、安倍総理の物理的な能力を超えている。霞が関と国会が一体になって成果をつくっていかなければならない。そういう場合の各論には、じつは総理の総論を反映しないおかしなものがたくさん混入している。

いまの働き方改革にしても、どんな問題をいつまでに解決するのかがわからない。

人口が8000万人になったら大変だから、まずはそうなっていく状況に対して、こうすれば対応できるとか、あるいは人口を回復させるために何をやるか、ということが政府の発表する文書をあれこれ見てもわからない。問題設定そのものが抽象的なんです。力を結集すればとか、日本の労働のあり方を根底から見直すとかいいますが、そもそもどこをなぜ見直さなければいけないのかさえわからないのに、労働のあり方を見直すとだけいっても説得力がない。しかも総理は前向きな演説をしたがるでしょう。

杉田　そうやってひとつずつ見ていくと、それぞれには正解があると思うんですね。だれもいわないいけれど。

それと、先ほどいった問題意識とかをリンクさせていくことも重要であって、たとえば少子化対策と地方活性化。東京に来るほど、出生率は減る。でも一極集中を止めるといいながら、最近はさらに急速に進んでいる。昔は三極も四極もあったんです。九州の人は福岡に、四国や中国の人は大阪、岐阜や富山の人は名古屋、東北北海道の人は東京と複数の極があったのが、いまは東京以外はぜんぶ人口減少していて、東京のひとり勝ちなんですよ。で、東京は出生率が下がっている。東京にいる人たちは、結婚しても子供を産まない、だから出生率も1を切っていますよね。でも地方なら1・8くらいの数字はあるんです。

だから私、待機児童対策ばかりを取り上げているというのはすごく逆行しているといっています。待機児童がいるのは2割くらいの自治体で、残りの8割は子供が減って、保育所ももう老朽化《ろうきゅうか》して余っている。どうしても単身で東京に出てくるから、そこで保育所がいるわけです。

ならば地方で就職ができるようにして、企業も地方にもっていって、そこで子育てができるようにすれば少子化対策になる。近くにお父さんお母さんも住んでいるわけだから。

乱暴かもしれないけれど、最終的には首都機能を移転させないとダメだと思いますよ。それに首都で大地震でもあれば、その瞬間に日本は終わりますよね。

これは本当に腹を決めてやらないといけないんです。じゃあ何をどういう形で、どういうバランスで地方に移していくのか。霞が関自身が移って行けば、本社機能の東京移転を考えている企業だって地方に残るし、就職の場も広がるでしょう。

今回の安倍総理の政策のなかでひとつだけそれを見据えてるのかなと思ったのは地方大学の支援法案。そうなれば地方の大学に行って、地方の企業にそのまま就職できる。現実、いまは地方の就職って役所しかないんですよ。

でも私、こういうことを議論するのが国会だと思うんだけど。

小川　東京一極集中と人口激減はすごく並行した現象なんですよね。経済成長がとまって、そこにラディカルフェミニズムの思想的な影響がじわりと効いてくる。

女性の80パーセント以上は管理職になりたくないし、子供が欲しいといっているにもかかわらず、実際に子供を産むのに適切な20代前半で、子供を産める女性は、何パーセントですか？

極端な数字なんですよ、全部がね。ということはいま杉田さんがおっしゃってる首都機能の分散化もそうですが、極端な数字には極端なことで対応しないかぎり、結果は出ません。そのときには霞が関主導は無理なんです。

女性だってみんながみんな正社員になりたいわけじゃない

小川　外交と安全保障、それと金融緩和という日銀総裁の裁量権の範囲というようにピンポイントでいけると、安倍総理の強みは生きるんですね。だけど総理が人口激減に対応してくれと指示をして、トータルプランを霞が関が持ってきますと、これはたいていダメなんです。自民党が主導で全面的なヴィジョンを練ってほしい。

ここまでの危機感は政権復帰前の創生「日本」のころにはまだありませんでした。下野したときの安倍グループの政策課題は、デフレ脱却《だっきゃく》がいちばん大きくて、あとは外交安全保障と歴史認識でしたから、人口問題はむしろ政権に就《つ》いてから切実だと思うようになったんじゃないかな。

杉田　働き方改革と少子化対策をリンクさせるのであれば、裁量労働制ではなくて、子供を持っている夫婦、男であれ女であれ、みんな4時には帰るようにするとかね。小学校に上がるまででもいいですよ。そういう子のいる親は4時には帰る。

そうなると、そういう子供のいる若手が3時や4時に帰れるような働き方を会社側が出せという話です。ＩＴを導入するとか、派遣を入れるとか、それなりのプランを出しなさいって。1年とかの有給で対処するのではなくて、労働の時短《じたん》というものを入れなさい、ということです。

女性だってみんながみんな正社員になりたいわけじゃないし、派遣でいいし、2時間働けばいいという人もいっぱいいるわけですから。

小川　たくさんいますよ。だから非正規を一掃するなんて無茶な話なんです。非正規でなければ困るという人もいっぱいいる。男性が大黒柱で、女性は臨機応変に働ける社会という、昭和の後期に確立した路線のほうがよかったという人のほうが、現実には多いでしょう。だったら社会思想としてそれを認める転換が必要です。

もうひとつは、少子化の根底は東京一極集中にあるという話。これは明治から始まっていることなんですよね。近代化というのは、幕藩体制で地方分権だったものを、中央集権で強い中央主義にするということで、天皇も政府も同じ場所というのは平安時代以来なわけです。明治政府は強力な中央集権制をつくった。多くの人は東京に来ることで、出世や人生の可能性を切り開いた。そういう「神話」を終わらせるということも必要なのだと思います。

もちろん東京の強さを弱める必要はないですが、地方での人生はどう魅力的なのかというデザインを描く必要があるのではないでしょうか。

杉田　少子化については、丙午《ひのえうま》ショックの平成2（1990）年の次の年から対策を講じていますが、ずっといままで保育所しかつくってこなかった。でも、そうやって保育所をいくらつくっても少子化には歯止めがかからない。子供の数が減っているのにまだそれをやる気なのか、ということです。

私は、女性の社会の進出と少子化対策は絶対に両立しないと思ってます。両立すれば、子供の数は減ります。また一方で、専業主婦への支援は手薄です。働いているお母さんは子育てで困っていることがあったら、いくらでも保育所の保育士の先生に相談できます。だけど専業主婦は相談する人もいない。なので。育児ノイローゼもネグレクトも、専業主婦のほうが多いのです。その人たちのために赤ちゃん教室とか赤ちゃん広場とか開こうとすると、そこも保育士が足りない。予算がついてるのは、0歳、1歳、2歳の待機児童解消だけ。もうそろそろこんなことはやめなくちゃいけないんじゃないか、と。

それから20代の若い女性からの、「結婚して子供を産んだら、専業主婦になって子育てに専念したい」という声、この声に国は何か応えているんですか、と。

小川　ふたつあってね、まずそういうことをマスコミは伝えないでしょう？　それともうひとつは、総理にまで自民党の細かな声は届いていない。そういう声は、官邸にまで届いていない。安倍総理の強い政治の影には、そういう危険があるんですよ。長く続くと、どうしても側近政治になっていくんです。

その前にパチンコによる依存症をなくすべき

杉田　ところで、カジノがないのに、日本はいまギャンブル依存症が世界でいちばん多い、という話があります。理由を聞くと、パチンコがあるからですという答えが返ってくる。そうですね、アクセスしやすいのが問題だといわれてますよね、と。それからカジノの報告書によると「三店方式」はカジノでは認めないと書いてある。なぜかというと、パチンコは風営法だと。カジノはギャンブルなんですね。カジノはチップで賭けて、店内で換金するから三店方式にはならない。パチンコは出玉を景品に換えて、交換所でお金に換える。交換所は問屋に景品を売って、問屋はパチンコ店に景品を卸《おろ》す。だからギャンブルじゃないというんです。

おかしいですよね、なぜパチンコでは三店方式が認められて、カジノでは認められないんですかと聞くと、外に出てからの行動は関知しない、ですって。

これ、突っ込んでもどうしようもないんですけど、現実を国民の皆さんに知ってはしいじゃないですか。

小川　ギャンブルではないのなら、じゃあパチンコは何なんですか？

杉田　あくまでも風俗営業法。なのでギャンブル規制がかからないんです。せいぜい、出玉規制くらいしかできない。

小川　ギャンブルじゃなくて風俗なんだ？

杉田　ええ。だから三店方式。パチンコの遊技場で遊んで、景品に換える。そこまでがパチンコなので、風俗だ、と。その景品を隣の店舗に持っていってお金に換える。それは店を出た人の行動なので、そこまでわれわれは関知しませんというのが、答弁として出てきますから。

小川　すごい詭弁《きべん》ですねえ。

杉田　でもアクセスのしやすさから、ギャンブルの1位がパチンコだというのは、もう揺るがない事実なので。

小川　そりゃあそうです。それはだれもが知っていることだしね。

杉田　だから、カジノでギャンブル依存症になるという議論をするなら、その前にパチンコによる依存症をなくすべきでしょうと。

もうひとつは別府市でしたか、生活保護を受給している人たちがパチンコに行くのを規制していましたよね。別府市は生活保護を受けるときに、「パチンコには行きません」という誓約書を書かせる。だからパチンコ店を見回って、見つけたら支給停止にするということをしていた。すると国から指導が入って……。

小川　国はどういう根拠で、どこの省が規制したのですか？

杉田　厚生労働省です。厚労省が「生活保護法」のなかに、「パチンコはしてはいけません」という規定がないから、別府市がやっていることはダメですって。

小川　だったら条例か何かにすればいいいいのでは？

杉田　いえ、条例にしても法律を上回れないらしいんです。だから、それなら「生活保護法」に「パチンコ禁止」を入れろ、と。そんなことでさえ規制ができなくて、どうやってギャンブル依存症をなくせるのか、と。

小川　だからね、もはや日本の官庁ではないんですよ、やっていることそのものが。

杉田　「生活保護法」には、「日本国民に限る」と書いてあります。最高裁でも日本国民以外に受給するのは違憲だという判決が出ています。にもかかわらず、未だにそれが徹底できていないじゃないですか。

結局その根拠は、昭和29（1954）年に厚生労働省が出した特別永住権、要するに在日の人たちにも日本人と同等の権利を与えなさいという、その通達1本だけですよ。厚生労働省が通達を取り消せば、外国人の生活保護は全部やめることができるんですね。法律を変える必要なんかないんですよ。

小川　通達だけなんだ。

杉田　通達だけですよ。2014（平成26）年の選挙のとき、次世代の党は生活保護について次のことを選挙公約に掲げていました。せっかく日本まで働きにやってきて、生活保護を受けなければならなくなった人がいるのなら、1年間はあげましょう、と。ただし1年の間に病気が治るとか、再就職するとか、そういうことができない場合は、母国に帰っていただきましょう、と。そういう法律をつくるって公約したんです。

ただ、私はそれはたぶん難しいだろうなと思っていました。だってこれをやれば、全国の自治体の生活保護の窓口で暴動が起こりかねません。

皆さん、ネットでは「やれやれ。在日に生活保護を渡すな」といいますよね。勇ましいことをいいますが、でもそれは役所の窓口の職員ではないからいえるんです。これをやると、役所の窓口の職員の何人かが危険な目にあうかもしれません。だってそんなことがなくても、1年間に必ず1人や2人は危険な目にあっています。これが日本の生活保護の現状なんですよ。でも、その覚悟をしたうえで乗り越えていく必要があると私は思っていますが。

小川　そうですね。

杉田　いうのは簡単ですが、かなりの覚悟がいります。

文科省というのは、ずっと社会党が牛耳ってきた

小川　そうね。つまり自民党は、そういう仕組みをつくってきた側だから、改革はできない

んです。何十年もの間、同和でも在日でもパチンコでも、事実上、社会党と戦後レジームのなかで手打ちをしながらやってきたことですから。

しかもね、旧社会党よりも多くの利権を得てきたのが自民党でしょう？　おそらくはすべての業界においてね。だから結局は、こういう話をできないんです。

杉田　さっきの科研費の話にしても、文科省はひどいと思うでしょう？　じゃあなぜそうなってしまうのかというと、55年体制で自民党と社会党がずっと対立しながらやってきた。そのなかで文科省というのは、ずっと社会党が牛耳ってきたんですよ。だから左翼の人たちが何かいってきても「まあまあまあまあ」とすませて、自民党政権にそういう声が厳しくぶつからないような防波堤になっていたんです。

科研費を左翼の教授に渡しているというのもその名残《なごり》ではないでしょうか。ただ、その体制のなかで育まれてきたものもすごくあるんですね。

それと皆さん、よく中選挙区に戻せとか、小選挙区の弊害だとかおっしゃるわけですが、中選挙区は中選挙区で問題があります。

というのも、もしも同じ選挙区で自民党からふたり出れば、最後は自民と自民の戦いになる。すると自民党の人が自民党を倒すために、かつての社民党と手を組むという構図ができるんですね。それによって自民党のなかに左派というものが形づくられていったという歴史があります。それはきっと、日本人的ということなのでしょうけれども。

小川　ああ、それはありますね。そういう右も左も日本人の感覚で、消化できる範囲があったんですよね。でも日本共産党の場合はそこから逸脱《いつだつ》していて、事実上はソ連の出先機関だった。

杉田　はい。

小川　それは本当は日本人の感覚にはなじまない。でも戦前の共産党員には、じつは愛国心というものが非常に強いんです。そのため、ソ連の手先になっているという感覚が嫌で転向した。そのあたりは日本人的なわけですが、一方で宮本顕治《みやもとけんじ》や野坂参三《のさかさんぞう》は完全に身売りをしてしまったんだと思います

そういう人たちと、そうはできないジレンマを持ったたくさんの共産党員がいる。日本は貧しくて、このままでは食えない。庶民は疲弊しきっている。だから共産主義を導入しなければと考えた、たくさんのまじめな共産主義者がいたんです。

こうした日本の共産主義者のまじめさを見たら、軍人や保守層だって共鳴する。軍人のなかにも共産主義者はたくさんいた。あるいはごく普通の自由主義的な保守層もそうです。

杉田　そうですね。

小川　共産主義者から右まで、オールドリベラリストも保守主義者も、日本人であるという感覚のなかで、共鳴できる共同体が実際にあったわけです。それがかつての自・社、二大政党制のころでも続いていたんですよ。この感覚が次第に崩れてきた。アメリカの情報機関からお金が入れば日本の右翼だかアメリカの手先だかわからなくなってくる。

左にはソ連の金が入ってきます。つまり、国際謀略の代理戦争の舞台になっていく。日本人としてわかり合っていた部分が消えていった。それが戦後の裏面史だと思います。

杉田　その通りですね。最近もいわれていますが、２・26事件でも東北の貧困や女性の身売りという問題があって、身内にそういう悲しみを抱えている将校もいて、そうしたさまざまな事情のなかで、やっぱり軍部は許せない、と。きっとそういうなかには、日本が共産主義になって、人々が少しでも貧しさから脱出できればそういうこともなかっただろうと考えた人もいたでしょうし。

小川　そう。資本主義の場合、英米のひとり勝ちというのが戦前の実態です。だから時代時代によって共産主義も、位置付けが違っているんです。

杉田　ああ、そうでしょうね。

小川　戦後はそれが固定していくというか、利権化していくんですよ。理念から利権になっていくんです。そのなかでどんどん汚《よご》れていく。

平成になって、冷戦が終わりソ連が崩壊したにもかかわらず、日本の左翼だけは国内における利権構造を維持して滅《ほろ》びなかったんですよ。東大、霞が関、朝日、岩波といったところが知的な人事利権共同体、極左労組や被差別団体が事実上の左翼利権です。

杉田　私は、岩波を読んで育ちましたよ。岩波少年少女文学全集も全部読んだし。

小川　私もだいぶお世話になりましたよ。岩波少年少女文学全集自体には、もちろんイデオロギー性なんてほとんどないでしょう?

杉田　ないです。むしろ素晴らしい作家の作品ばかりです。

小川　ところが、それが岩波新書になるとかなりひどくなる。岩波ブックレットになると、完全な政治パンフレットになってしまう。

従軍慰安婦の問題にしても、政府見解はすでにある

小川　それから先ほどの地方分権の問題は、結局国家とは何かに帰するでしょう。戦後日本

は、国家とは何かという議論を不問に付してきた。わかりやすい例を出せば、条文の上では違憲である自衛隊をどう詭弁で合意化するのかというのが、日本の政治のプロであった。日本は、デモクラシーとか国民主権というきれいな言葉を入れたのに、そういうものはロジカルでなければいけないという基本をこの国は見ないふりをしてスタートしたのです。それで細かいロジックだけは調整して、大きな非論理性をあちらでもこちらでも隠してきた。

だけど、いまの日本では、大きなロジックを組み立て直さなければ、もうもたない。霞が関は細かいロジックの調整が職務ですが、国会と論壇は大きな議論をロジカルにできる場所にならないといけない。

杉田　論壇っておっしゃいましたが、これが正解ですよ、国家としてこれが普通ですよ、正論ですよっていうのを国会でやろうとすると、「モリ・カケ」で空転してしまうわけです。それこそ良識のある人によってたかって日本はこうだよってやっていただいて、そこに政治家も入ってやっていかないと。

私がやってきた従軍慰安婦の問題にしても、よりどころは政府見解になるわけです。それを基準にせざるを得ない。そういう太い線を引く努力を自分でしてきました。でも、そういうことは日本全体に必要だと思っているんですよね。

小川　そうなんだよね。根深い問題は、国民の意識とか民度をちゃんとデモクラティックにつくっていくためには政治教育が必要なのです。政治教育とは政治的な事実を国民に知らせ、いくつものオピニオンを知らせることです。ところが、いまのマスコミがどちらもやらない。そして本書でさまざまに指摘してきた国民の意識からかけ離れたイデオロギーへと誘導していく。

戦後左翼全盛期でも、こんな異常な状況ではなかったはずです

社会党と「朝日新聞」が強かった昭和30年代には、ソ連の神話があった。それから北朝鮮神話があって毛沢東《もうたくとう》神話もあった。その神話は広く信じられていたわけだし、社会主義幻想がまだ生きていて、さらに戦前の軍部による痛手をみんなが共有かつ実感していたわけです。それに対する反応としての社会党の主張や「朝日新聞」の姿勢は、確かにある程度の民意を受けていたのです。

ところが最近の「モリ・カケ」もそうですけど、従軍慰安婦への「朝日新聞」の異常なこだわりや、中国寄りの報道を見ると、民意や民度をまったく反映していないとしか思えないんです。

杉田　これを話すとまた批判されるかもしれませんが、在日が日本のなかでだいぶ幅をきか

せていて、自分たちが気づかないなかでそういうことがつくられてきたんじゃないかなって思うんです。

私、友達に韓国人はいないんです。もちろんわからなかっただけかもしれないし、クラスのなかにひとりかふたりはいたかもしれない。まあ、噂はあったけど、でも気にもしないし、いたとしても知らないわけです。

この「知らない」というのが問題で、たとえば「まちづくり条例」があります。別に、住民たちの力で自由な「まちづくり」をすればいいと思います。でもなぜそこに、在日の外国人参政権をもってくるのか？

それ、普通に生活をしている私たちのなかから、「外国人参政権を入れようよ！」なんていう発想は出てきませんよね。じゃあ、だれがそれを牛耳ってやっているのか。そういう話ですよね。

小川　その通り。民意の反映ではなく、イデオロギーや謀略ばかりなんだよね。日本の政治を動かすパワーが。もちろん在日の問題に限っていえば、歴史的な経緯があって、日本と朝鮮半島の関係はめんどうですよね。結局は日本側が併合せざるを得なくて、結果として併合した。

一度わが国民にしたうえでね、敗戦で独立したでしょ。日本が敗戦した瞬間から、朝鮮半島の人たちの心理的な復讐劇が始まったわけです。そのうえ、南北朝鮮が分断されてしまった。しかも半島では南と北は民族の歴史もだいぶ異質ですから、彼らの間でも同胞感情と反発が両方ある。また長年中国を宗主国と仰いできた事大主義があって、その点、日本に屈服したことは大変な屈辱だと感じている。

しかも、いま日米韓が、中国への対抗軸になっている。ところが韓国は反日教育をやめない。在日は本国で蔑まれながら、日本での差別を恐れ、一方では被差別利権に開き直っている。このアンタッチャブルな空間は違法貿易や情報工作の温床になっている。しかし公安は把握しているのでしょうかね。

杉田　そうですね、だから「スパイ防止法」もできないし、この間、私は孔子学院について質問をしましたけど、日本にいくつありますかと聞いたら、「孔子学院のホームページによりますと14あります」と答えた。

つまり日本には外国のプロパガンダ機関を管轄する部署すらないんですよ。そこからして、あまりにも無防備じゃないですか。

小川　あの質問は重要だったね。

公明党は本当の弱者共同体

小川　あのさ、話は変わるけど、公明党の議員たちと勉強会をやろうよ。政権の経験を積みながら、創価学会を絶えず説得しなければいけない彼らは、ある面で自民党議員たちより政策の影響をもろに受けます。それだけに政策論議に真剣です。これから安倍政治はまだまだ国策の根本転換をいくつか突破していかねばならない。そのときに公明党の議員さんたちに、杉田さんが本音で話して、私なんかからも「これはホントはどうなの？」なんていう議論をしていったら、彼らは相当なところまで理解してくれると私は思っています。

杉田　そうですね。

小川　むしろ、地域の利権でドロドロになってない。もっと零細な人たちの応援をしてきているから。

杉田　彼らは福祉施策などには圧倒的に強いんですよ。ただ、私自身も「福祉の杉田」という自負はあります。福祉には高齢者福祉、児童福祉、低所得者福祉、障害者福祉などがありますが、いちばん必要なのは障害者福祉だと思っているんです。なぜなら五体満足に生まれてきていれば、いちおうはみんな同じスタートラインについているわけです。努力次第では貧困層からでも事業を興《おこ》したり、国会議員になったりもできる。少なくともそれを阻害するような日本社会ではありません。

高齢者福祉にしても、みんなと同じようにスタートラインから走って、いよいよ最終コーナーになったときに、自分の力だけで食べていける高齢者もいれば、年金にも加入せずに生活保護をもらう高齢者もいる。

でも障害者や病気の人たちは、そのスタートラインに立てないこともあるのだから、そこはしっかりと税金を使って支えましょう、と。ですから私は、福祉は障害者福祉だけに限定してもいいくらいだと思っています。

そういうノウハウを持っているのは、やっぱり公明党さん。

私もたまたま自分の支援者に視覚障害者の人がいて、いろいろと話をしながらその団体にも行かせていただいているのですが、そういうところに必ず来ているのが公明党の人なんです。それから、子育て支援をしているときに、いちばんの敵は共産党だったんですよ。だから共産党とガンガン戦っていたら、公明党の市議さんたちが味方してくれたんです。「ちょっと、杉田さんおいで」みたいな感じで。

小川　なるほど。

杉田　公明党が助けてくれた。

小川　要するに共産党って、弱者の味方をするふりをするというか、結局、イデオロギーのためにそれを利用しているわけです。でも公明党は本当の弱者共同体だから。

杉田　そう、そうです。

小川　共産党の場合は日本崩壊のイデオロギーに引っ張り込もうとするけれど、公明党の場合は共同体を大事にすることで党是《とうぜ》が一致している。

　母体が宗教団体だという警戒心を持っておくのは必要ですが、もう少し率直な議論をすること、つまり政策や理念レベルですり合わせをしたほうがいいと思っています。

杉田　それは本当にそうです。

小川　公明党も転機に来ている。だから、きちんと本音ですり合わせをして、公明党との人脈を、自民党側の議員も持っておくことがとても大事。

杉田　大事。その通りだと思いますね。私たちは個人レベルの接触はありますが、政権レベルでの接触、政策上の話はたぶん、上のほうの人しかしていません。

　これから憲法改正という話になっていくなかで、いかに公明党を説得するかということは上の人たちの仕事であって、私たちは何もできないのだけれど、普段からそういう意見交換をしておくということはすごく大事です。

私がお話しすることはすべて、実際に見たこと

杉田　公明党の若手さんって、すごく優秀な人が多い。共産党も、国会議員になる人はムッチャ優秀なんですよ。みんな優しいし紳士淑女だし、フラットにしゃべるとお互いにこういう議論ができるんですよね。

あなたの考えはそうで、私の考えはこうだけれども、人間的にいがみ合う必要はないし、あなたが真剣にそれを正しいと思ってやっているんだったら、私はそれに対する意見は違うけれども、人間性までは否定しないし仲よくやりましょうって、そういうことができる人たちが多い。というか、国会というのはそういう場なんですね。これが地方議員になると、もうコイツ、本当に頭から氷水でもかけてやろうかって思うような議員がたくさんいるんですけど（笑）。国会に来たら、そういうストレスはまったくないです。ホントに紳士的で普通の話ができます。

小川　彼らはそうした堅固《けんご》な組織のなかでも、勝ち抜き組だからね。

杉田　うん、そうそう。

小川　公明党とは、ちょっとした緩やかな飲み会っていうか、勉強会ができそうですね。

杉田　やりましょう。集めます。何人か思い浮かぶメンバーもいます。

小川　杉田さんなら何かができると思う。そういう当たり前のことを当たり前だよっていいながら、人を巻き込んでいく力があると思うんだよね。

杉田　そうですか。

小川　そう。人を巻き込めなかったら、前の「次世代の党」のあの境遇から１本釣りで自民党で衆議院議員なんて、絶対に無理だから。

杉田　そうですね。

小川　いまの政治家に必要なのは、政策立案能力とか以前に、自分の人間観で人を巻き込むことだから。その部分がないと……。

杉田　人を巻き込む能力があるかないかは自分ではよくわかりませんが、今日も小川さんとこれだけお話をさせていただけてとても嬉しいです。

私は何ごとも自分の目で見て、体験してきたことを話さなければいけないなと思っています。落選していた3年間というのは、海外に行ったりとか、国連に行ったりとか、あと日本国内にも取材に行ったりしていました。その積み上げがあったので、こういう対談をすることもできたんだと思います。私がお話しすることはすべて、実際に見たことであって、それが私に与えられた仕事なのかなと思っています。いまはもう、徹底的にアウトプットをやる時期なのかなっていうふうに思っています。

小川　本当に楽しみにしています。重大な役割ですよ。

やっぱり組織というのは、小さくしてはいけない

杉田　そうなると私は、いきなり自民党だったわけではなくて、ステップを踏ませていただいたのがありがたいと思います。

平沼先生、石原先生にはかわいがっていただいていて、年末も平沼先生にご挨拶《あいさつ》に上がらせていただきましたけれど、こんな1年生の若手議員がね、直接話をさせていただけるというのは、普通はないですよ。もしも私が最初から自民党だったら、いきなりそんなクラスの先生たちと親しく話せることなんて、絶対になかったはずです。

石原先生も、たぶん私の選挙が最後の応援演説だったと思います。

投票日前の金曜日の晩が私の集会だったのですが、先生は前の日に体調が悪くて、名古屋での演説をキャンセルされたらしいです。でも次の日には38度もの熱があるのをおして伊丹まで来てくださいました。でも、もう立って話せないんです。それでも「うちのひとり娘の杉田さんを、どうかお願いします」っていってくださって。

小川　そういう人たちがみんな、自民党を出てしまっているというのが、いまの自民党の貧しさだと思うんだよね。

杉田　平沼先生や石原先生が、「たちあがれ日本」をやった。あのときに山田宏先生たちがすごく動いて、当時は総裁を退かれていた安倍さんをかなり口説いたそうです。安倍さんを掲げて維新との合流という、そういう工作があったみたいです。

小川　ああ、ありましたね。

杉田　でも安倍総理は、やっぱり自分は自民党だからと、残られたんですね。

小川　あのときは私も、絶対に自民党に残れという側でした。というのは、新党から新規で総理が出たということは、過去、一度もないんです。

かつての民主党の場合、結局は左翼の組織とマスコミを使うことで政権を奪取したわけです。つまり左翼に身売りをしなければ、政権交代はできなかった。あのときは亀井静香《かめいしずか》さんから「人を集めたから来いよ」っていわれて、安倍さんが「何人集めたんですか？」と聞いたら「いいや、もう50人は確定なんだ」って。でも、亀井さんの数字が合っていた試しはないから（笑）。

もちろんそういうエネルギーや情熱は必要なんですが、自民党から出たら終わりますよというのは、私はあのころ、ずっといっていたな。

杉田 山田先生がいま、いわれているのは、やっぱり維新を割るべきではなかった、割らずに維新平沼派をつくっておけば、仲間を全員落選させるようなことはなかった、と。

やっぱり組織というのは、小さくしてはいけないんですよ。

小川 でも、そういうときにはものごとを見る尺度とか、スケール感の問題があるでしょう。結局そういう感覚が、平沼さんや石原さんにはなかった。

杉田 そうかもしれませんね。

小川 タイプの違いであって、優劣とは違うのですが、その尺度がないと、どうしても政治勢力をつくりきれないんです。安倍さんは、自分自身が権力を統合するタイプではないし、議員の数や資金を集めるタイプではないでしょう？

杉田　ええ。

小川　普通に考えれば5年の長期政権とか、あるいは8年になるかもしれないなんて無理なはずですよ。ということは逆に彼自身のなかで、自分が権力者であり続けられるための条件を見極める能力がすごく高いということでしょう。

杉田　ホントにそうだと思います。

それと、話はぜんぜん違いますけど、石原先生にお会いするチャンスがあったなら、私はちゃんとお礼がいいたいと思っています。もちろんみんなが落選して、最後に集まったその場では「ありがとうございました」といいましたが、それっきりお会いできていないので、もしもまたお会いできたら感謝の気持ちを伝えたいというのがあります。

だけどこれ、これすごい対談になっていますよね（笑）。

小川　そうそう。ぜんぶは本にできないよ（笑）。

政治というのは人の生き方

小川　杉田さんの存在が、ほかの議員を相当刺激していると思うし、自民党にいて、女性で、これだけオープンに戦っている。

さっき女性の活躍ということで中山恭子さんの例を出されたけど、結局は、杉田さんを見たときに、皆がどう思うかだと思うんです。いまはもしかすると男性のファンのほうが多いかもしれませんが、それでいい。いずれ男性から女性に伝播しますから。とにかく杉田さんの生き方を見てもらうことが大切です。多くの人が政治家の魅力の正真正銘のところを忘れているような気がします。政策論争はもちろん大事ですが、やはり政治というのは人の生き方なんです。

杉田　そうですね。

小川　だから、その人の生き方を示すことで、人がついてくる。特に、保守というのはそういうもので、では左翼はというと、こちらはイデオロギーに人がついてくるわけです。権力やお金も重要ですが、杉田さんも私もお金も権力もないところで闘っているわけですから、最後は生き方しかないんですね。杉田水脈という女性の生き方、それを見せている。できればそれを、若い女性に知ってほしいと思いますね。

杉田　はい。最近ですごく嬉しかったのは、「妊娠していて、次は女の子ができるんですけど、『水脈』って名前にしたいんです」っていわれたことです。それも数週間で2件もあったんですよ。

小川　それは素晴らしいね。

杉田　それからまた別の方からも事務所に電話があって、「先生の名前をつけたいんですけど、いわれとなっている『万葉集』の句を教えてください」って。若い女性でも見てくれる人はいるんだなあって思うと、すごく嬉しいなって、うん。

小川　本当にそうですよ。国会でもきちんと質問を重ねているその姿を、多くの人が見るわけです。説得力がある強い議論をしている姿を多くの女性に見てほしいな。

民主主義の敵

平成30年 7 月20日　初 版 発 行

著者　杉田水脈　小川榮太郎
発行人　蟹江幹彦
発行所　株式会社　青林堂
〒150-0002　東京都渋谷区渋谷 3-7-6
電話　03-5468-7769
編集協力 中村友紀夫
装幀　奥村靫正（TSTJ Inc.）
印刷所　中央精版印刷株式会社

Printed in Japan

ISBN 978-4-7926-0628-2